Domésticos

ENTENDA A NOVA LEGISLAÇÃO

Raymundo Antonio Carneiro Pinto

Desembargador aposentado do TRT da 5ª Região (Bahia).
Membro da Academia de Letras Jurídicas da Bahia.
Professor da Faculdade Dois de Julho (Salvado/Bahia).

Domésticos

ENTENDA A NOVA LEGISLAÇÃO

EDITORA LTDA.
© Todos os direitos reservados

Rua Jaguaribe, 571
CEP 01224-001
São Paulo, SP – Brasil
Fone (11) 2167-1101
www.ltr.com.br
Setembro, 2015

Produção Gráfica e Editoração Eletrônica: Linotec
Projeto de Capa: Fabio Giglio
Impressão: Bartira

Versão impressa: LTr 5360.5 — ISBN: 978-85-361-8583-5
Versão digital: LTr 8800.8 — ISBN: 978-85-361-8570-5

Dados Internacionais de Catalogação na Publicação (CIP)
(Câmara Brasileira do Livro, SP, Brasil)

Pinto, Raymundo Antonio Carneiro
    Domésticos : entenda a nova legislação / Raymundo Antonio Carneiro Pinto. -- São Paulo : LTr, 2015

    Bibliografia.

    1. Empregados domésticos - Brasil 2. Empregados domésticos - Leis e legislação - Brasil I. Título.

15-07485   CDD-34:331:647.2(81)

Índice para catálogo sistemático:
1. Brasil : Empregados domésticos : Direito do trabalho 34:331:647.2(81)

"É inegável que se trata de uma relação incomum. Há, no trabalho doméstico, uma aproximação íntima da família empregadora e daquele que lhes presta serviços. Dizem, e não sem razão, que os empregados domésticos sabem mais da vida individual de cada morador da casa em que trabalham do que os próprios donos da casa. Privam da convivência da família, compartilham seus momentos de alegria e de sofrimento, assistem televisão juntos, trocam confidências, ouvem e dão conselhos. Não se trata de uma relação de emprego igual às demais. É diferente, muito diferente, e todos nós sabemos disso. Por isso, não pode ter tratamento igual."

GEORGENOR DE SOUZA FRANCO FILHO
Desembargador do TRT da 8ª Região (Pará),
professor universitário e membro da
Academia Nacional de Direito do Trabalho.
(trecho de artigo publicado na Revista LTr
de abril/2013, páginas 402 a 410)

Dedico este livro, in memoriam, *a **JOANA DO ROZARIO**, a quem eu carinhosamente chamava de "Iaiá".*

Foi para a companhia de meus pais quando eles se casaram no longínquo ano de 1932.

Desde que nasci, a tive como minha única babá. Pelo zelo e amor como me cuidava, era, na verdade, uma segunda mãe.

No dia da minha formatura em Direito, emocionei-me ao vê-la sentada, ao lado de meus velhos, no auditório da Reitoria da Universidade Federal da Bahia, atenta à solenidade e, por certo, no íntimo de seu coração generoso, torcendo pela minha felicidade.

Somente se aposentou depois que meus pais faleceram, tendo-lhes prestado serviços, com extrema dedicação, por mais de quarenta anos, inclusive durante a penosa e enferma velhice deles. Tornou-se, sem dúvida, parte da nossa família.

Enfim, um exemplo inexcedível de empregada doméstica.

*Faço um especial agradecimento ao colega baiano **LUCIANO MARTINEZ**, competente magistrado trabalhista, professor universitário, mestre e doutor pela PUC/SP, conceituado escritor de obras jurídicas, membro da Academia Nacional de Direito do Trabalho e da Academia de Letras Jurídicas da Bahia, que me deu a honra de ler os originais deste livro, dando preciosas e oportunas sugestões, além de, gentilmente, escrever o prefácio.*

Agradeço também a minha filha Liane Pinto que, mesmo não sendo da área jurídica, me ajudou a substituir certos trechos do livro em que me excedi no uso de linguagem técnica, corrigindo ainda erros de digitação e de português por mim cometidos.

Sumário

Abreviaturas usadas ao longo do livro	13
Prefácio	15
Nota do Autor	17
Capítulo 1. Breve histórico dos direitos do doméstico	19
Capítulo 2. Admissão do doméstico	23
Capítulo 3. Salário e remuneração	27
Capítulo 4. Duração do trabalho	31
Capítulo 5. Férias	37
Capítulo 6. Alteração, suspensão e interrupção do contrato	41
Capítulo 7. Proteção ao trabalho da mulher e do menor. Licença-paternidade	45
Capítulo 8. Obrigações legais e mensais do empregador no curso do contrato	49
Capítulo 9. Deveres e direitos dos empregados domésticos	55
Capítulo 10. Deveres e direitos dos empregadores domésticos	63
Capítulo 11. Extinção do contrato de trabalho	69
Capítulo 12. Dúvidas mais frequentes	77

Anexo I – Legislação pertinente ao doméstico

1. Lei Complementar n. 150/15	87
2. Lei n. 605/49	92
3. Lei n. 4.090/62	94
4. Lei n. 4.749/65	95
5. Lei n. 7.418/85	96
6. Lei n. 7.998/90 (trechos)	97
7. Lei n. 8.212/91 (trechos)	100
8. Lei n. 8.213/91 (trechos)	101

Anexo II – Modelos práticos

1. Contrato de experiência de doméstico	109
2. Contrato de trabalho do doméstico por tempo indeterminado, com cláusula de experiência	111

3. Contrato de trabalho do doméstico por tempo indeterminado 113
4. Folha de ponto individual de trabalho 115
5. Recibo de salário mensal 116
6. Folha de pagamento de doméstico 117
7. Recibos de 13º salário (1ª e 2ª parcelas) 118
8. Aviso-prévio de férias e recibo 119
9. Recibo de vale-transporte e declaração de renúncia 120
10. Carta de advertência 121
11. Carta de suspensão 122
12. Aviso-prévio 123
13. Comunicação de despedida sem aviso-prévio 124
14. Pedido de demissão, com e sem aviso-prévio 125
15. Termo de rescisão de contrato de trabalho 126

Referências 127

Abreviaturas usadas ao longo do livro

art.   – artigo
CEF   – Caixa Econômica Federal
CF   – Constituição Federal
CF/88   – Constituição Federal de 1988
CLT   – Consolidação das Leis do Trabalho
CPC   – Código de Processo Civil
CTPS   – Carteira de Trabalho e Previdência Social
EC   – Emenda Constitucional
EC/72   – Emenda Constitucional n. 72
FGTS   – Fundo de Garantia do Tempo de Serviço
INSS   – Instituto Nacional de Seguro Social
LC   – Lei Complementar
LC/150   – Lei Complementar n. 150
n.   – número
OJ   – Orientação Jurisprudencial do TST
RSR   – Repouso semanal remunerado
STF   – Supremo Tribunal Federal
TST   – Tribunal Superior do Trabalho

Prefácio

No dia 16 de maio de 2011, a Organização Internacional do Trabalho (OIT), em sua 100ª (logo, histórica) reunião, resolveu, afinal, publicar Convenção e Recomendação para conclamar os seus Estados-membros, entre os quais o Brasil, a reconhecer a contribuição significativa dos domésticos para a economia mundial.

Percebeu-se, ainda que tardiamente, que, ao exercerem os afazeres do lar, especialmente os de cuidar de crianças e idosos, os domésticos tornavam possível que diversos outros trabalhadores pudessem sair de casa para se dedicar às atividades econômicas. Esse acontecimento legislativo internacional chamou a atenção de toda a sociedade jurídica para o fato de que o trabalho realizado nas residências de todo o mundo, como clara reminiscência da escravidão, se melindrava não apenas pela falta de reconhecimento, mas, em muitos casos, pela ausência de um tratamento minimamente decente.

Tão expressivo foi o efeito social das discussões travadas na OIT, que o Congresso brasileiro resolveu, em lugar de ratificar a Convenção n. 189 e a Recomendação n. 201, ambas de 2011, dar andamento a uma Proposta de Emenda Constitucional (PEC) que visava ao incremento de direitos trabalhistas em atenção aos domésticos. As casas parlamentares, então, depois de algumas idas e vindas, aprovaram o novo texto normativo, que, afinal, foi promulgado em 2 de abril de 2013 como "Emenda Constitucional (EC) n. 72" e, para regulamentá-la, um pouco mais que dois anos depois, em 1º de junho de 2015, a Lei Complementar n. 150, que detalhou o que se pode ora chamar de "o novo Direito do Trabalho aplicado às relações domésticas".

Diante dos novos padrões e paradigmas estabelecidos para as relações trabalhistas entre empregado e empregador do lar surgiram imensas dúvidas e incertezas. Para saná-las apresenta-se no mercado editorial a obra que chega às suas mãos, *Domésticos – entenda a nova legislação*, um extraordinário produto intelectual de Raymundo Antonio Carneiro Pinto, um dos mais brilhantes nomes das letras jurídicas nacionais, reconhecido por sua cuidadosa dedicação ao exame da jurisprudência do Tribunal Superior do Trabalho (TST) materializado na consagradíssima obra *Súmulas do TST Comentadas*, de vida longa por suas múltiplas reedições e de elevado prestígio, decorrente das inúmeras referências e citações feitas em sede doutrinária e jurisprudencial. O autor, integrante da prestigiada Academia de Letras Jurídicas da Bahia, traz para o seio desta obra toda a sua experiência angariada em longa militância no Judiciário Trabalhista, no qual exerceu todas as mais significativas funções e atribuições no transcurso de mais de trinta anos de honrada judicatura.

A qualidade técnica do autor, aliada à simplicidade de suas assertivas, à confiabilidade de suas observações e à objetividade de suas colocações, permite-me afiançar que as dúvidas em torno do novo regime jurídico do emprego doméstico encontram aqui o seu fim.

Raymundo Pinto, como poucos, decerto por conta do seu talento pragmático, é capaz de tornar cristalina e evidente qualquer passagem normativa, mesmo aquelas que outros doutrinadores reputam complicadas. Ele decifra a linguagem jurídica e a faz acessível, alcançável a todos os públicos, embora atue, em todos os instantes e passagens, com a respeitabilidade de grande autor.

A obra é de leitura deliciosa, especialmente por conta da estrutura composta de capítulos breves, bem dimensionados. A construção da sequência temática observa a ordem lógica e prestigia o adequado aprofundamento em cada uma das muitas variáveis que o assunto oferece. A maestria do autor no trato com as palavras garante um texto de elegante fraseado e de extrema fluidez.

A obra oferece respostas claras e diretas sobre os principais problemas e dilemas existentes na vida laboral do empregado doméstico e detalha todas as mais significativas ocorrências havidas desde o momento da admissão até o instante do desligamento, sempre ilustradas por diversos modelos de instrumentos e peças contratuais exigíveis em diversas situações práticas. O leitor será prestigiado, ademais, com análises que consideram tanto as contratações que estavam em curso antes da vigência da EC n. 72/2013, quanto as que se produziram depois dessa importante mudança legislativa constitucional.

São apreciadas todas as principais situações relacionadas à duração do trabalho dos domésticos, entre as quais os possíveis ajustes de compensação de horários; a organização dos intervalos intrajornadas, interjornadas e intersemanais e a problemática dos controles de ponto. Não são esquecidas a sistemática das férias; a aplicabilidade da prescrição; as limitações impostas para a alterações do contrato; as regras de interrupção/ suspensão do vínculo de emprego, tampouco as disposições que dizem respeito à liberdade sindical dos empregados domésticos. Nenhum ponto é descurado. A obra aprecia cada um dos institutos contidos no novo regime de emprego dos trabalhadores do lar, inclusive nas perspectivas da responsabilidade civil, dos direitos tributários e das proteções previdenciárias.

Muitos outros assuntos relevantes brotam durante o transcurso da leitura e ganham soluções eficientes, inteligentes e bem fundamentadas. Não tenho dúvidas de dizer, portanto, que a obra que ora prefacio mediante essas breves palavras será um sucesso editorial, digno de múltiplas reedições decorrentes da excelente receptividade que certamente provocará em cada um dos seus leitores por ser imprescindível e indispensável.

Cidade do Salvador, junho de 2015.

Luciano Martinez

Juiz do Trabalho do TRT da 5ª Região

Mestre e Doutor em Direito do Trabalho e da Seguridade Social pela USP

Professor Adjunto de Direito do Trabalho e da Seguridade Social pela UFBA

Membro da Academia Brasileira de Direito do Trabalho e da Academia de Letras Jurídicas da Bahia

Nota do autor

Desde que o Congresso Nacional promulgou a Emenda Constitucional n. 72, que ampliou os direitos dos empregados domésticos, instalou-se uma grande discussão em todo o país. Os donos ou donas de casa e os próprios trabalhadores beneficiados, cheios de dúvidas, passaram a fazer inúmeras indagações aos profissionais do Direito. Estes, por sua vez, não se sentiram com absoluta segurança para responder com precisão. Como a evidência dos fatos nos mostra, havendo pacífico consenso quanto a isso, as relações trabalhistas no interior dos lares guarda particularidades bem nítidas que as distinguem em relação ao que acontece nas empresas e em outros ambientes nos quais se defrontam patrões e empregados. É natural que, em face disso, os questionamentos, no caso, sejam maiores, mais profundos e provoquem acirradas polêmicas.

A partir do momento em que se tomou conhecimento de terem os domésticos sido agraciados, em especial, com os direitos de um limite máximo de horas na jornada de trabalho e também o de receberem horas extras e adicional noturno se o limite vier a ser ultrapassado, logo os interessados correram a perguntar: como deve ser feito o controle dos horários de serviço? para quem dorme no emprego, são computadas como à disposição do empregador as horas de descanso? Tudo indica que estão aí alguns pontos entre os mais controvertidos após as inovações legislativas recentes, embora existam muitos outros. De igual modo, sugiram várias dúvidas antes que fossem regulamentados alguns direitos não aplicáveis de imediato. Essa lacuna, como se sabe, encontra-se de certo modo sanada com a aprovação da Lei Complementar n. 150, de 1º de junho de 2015, mas ela ainda não foi capaz de encerrar, por completo, diversos questionamentos ainda pendentes.

Em maio de 2013 (um mês depois da EC/72, portanto), – em plena efervescência das discussões em torno do assunto – fui convidado para participar de um seminário, promovido pela Academia de Letras Jurídicas da Bahia, da qual sou membro, justamente para debater o tema. Outros dois confrades – o Procurador do Trabalho Jairo Sento Sé e o advogado trabalhista Aurélio Pires – estiveram a meu lado, formando a equipe de expositores. Após nossas breves intervenções, as pessoas presentes, demonstrando enorme interesse, fizeram numerosas perguntas. Desde então, cresceu a minha vontade em aprofundar os estudos, a que, aliás, já me dedicava, referentes às peculiaridades do trabalho doméstico. Eis, pois, como surgiu a decisão de escrever este livro.

Longe de mim pensar que esta despretensiosa obra irá dar soluções seguras e definitivas aos complexos problemas levantados pela nova legislação atinente aos domésticos. Meu objetivo é esclarecer, na medida do possível, os pontos mais polêmicos, dando ainda informações úteis sobre as leis vigentes, a opinião de juristas e as interpretações atuais dos tribunais trabalhistas consolidadas na jurisprudência predominante. Procurei usar uma linguagem simples – sem prejudicar, contudo, a observância de certos termos técnico-jurídicos – tendo em vista que procurei redigir um livro não só para profissionais que atuam no fórum, mas também destinado a leigos em Direito.

Exerci a magistratura trabalhista durante trinta anos e me aposentei há pouco mais de cinco anos, como desembargador do TRT da Bahia, sem nunca deixar de efetuar estudos e pesquisas na área jurídica. Escrevi livros, proferi palestras e ministrei aulas. Entendo que acumulei, em todo esse tempo, uma valiosa experiência pessoal que me credencia a transmiti-la como o faço agora por meio desta obra. Espero que os interessados encontrem nela informações básicas sobre as relações trabalhistas que envolvem os domésticos e consigam superar, ao menos em grande parte, suas principais dúvidas.

Salvador, junho de 2015.

Breve Histórico dos Direitos do Doméstico

1.1. CLT EXCLUIU DOMÉSTICOS

A Consolidação das Leis do Trabalho, também conhecida como CLT, foi aprovada e entrou em vigor no feriado do dia 1º de maio de 1943, mediante o Decreto-Lei que tomou o número 5.452. O Brasil estava atravessando um período ditatorial chamado *"Estado Novo"*, sob a liderança de Getúlio Vargas, famoso político da época. Antes, já existiam algumas leis protetoras dos trabalhadores. A nova legislação, não só reuniu num único documento as antigas normas esparsas, como também acrescentou outros direitos. O ambiente econômico reinante na década de 40 em nosso país, se comparado com as condições dos dias atuais, era ainda de considerável atraso. A maioria da população residia no campo, dedicando-se a atividades rudimentares na agricultura e pecuária. Nas poucas cidades de grande porte a industrialização dava os primeiros passos. Nesse cenário de incipiente desenvolvimento, não é de estranhar o registro dos historiadores de que o avanço das regras trabalhistas, naquela fase, resultou muito mais de uma iniciativa governamental, para atender a interesses conservadores, do que uma decorrência da pressão de um operariado consciente. O ditador da vez – cujos seguidores o aclamavam como *"pai dos pobres"* –, sabidamente inspirado no modelo fascista italiano, fixou normas rígidas de controle dos sindicatos pelo Ministério do Trabalho, Indústria e Comércio (atual Ministério do Trabalho e Emprego), criado desde que Vargas assumiu o poder em 1930.

É claro que, pela cultura vigente na época, a lei nova jamais poderia ser estendida a toda a classe trabalhadora. Logo no seu sétimo artigo estabeleceu os limites:

Art. 7º – Os preceitos constantes da presente Consolidação, salvo quando for, em cada caso, expressamente determinado em contrário, não se aplicam:

a) aos empregados domésticos, assim considerados, de um modo geral, os que prestam serviços de natureza não econômica à pessoa ou à família, no âmbito residencial destas.

b) aos trabalhadores rurais, assim considerados aqueles que, exercendo funções diretamente ligadas à agricultura e à pecuária, não sejam empregados em atividades que, pelos métodos de execução dos respectivos trabalhos ou pela finalidade de suas operações, se classifiquem como industriais ou comerciais.

c) aos funcionários públicos da União, dos Estados e dos Municípios e aos respectivos extranumerários em serviço nas próprias repartições.

Como se observa, os domésticos foram mencionados em primeiro lugar. Era pacífica e até aceitável, naquele tempo, a opinião de que as atividades deles, nos restritos ambientes residenciais, carregavam determinadas características bem peculiares e, em consequência, ainda se mostrava bastante prematuro o desejo de beneficiá-los com certos direitos. Também estender as vantagens aos rurais poderia fazer surgir graves problemas e conflitos com a então poderosa classe dos fazendeiros. Havia, ainda, fortes razões para excluir os funcionários públicos, uma vez que eles sempre foram considerados uma categoria especial de "*estatutários*" e não empregados do Estado.

1.2. PROFISSÃO RECONHECIDA

Essa situação de total abandono dos domésticos de qualquer amparo legal, após a CLT, durou nada menos do que quase trinta anos. Somente em 1972, com a Lei n. 5.859, de 11 de dezembro (revogada pela recente LC/150), a profissão dos trabalhadores do lar foi afinal reconhecida. Mesmo assim, ela não contemplou a categoria com muitos direitos. O art. 2º passou a exigir que o empregado apresentasse, no ato da admissão, a CTPS – Carteira de Trabalho e Previdência Social, atestado de boa conduta e atestado de saúde. A principal conquista – daí a necessidade de ter a CTPS assinada – foi a inclusão do doméstico como segurado obrigatório do INSS – Instituto Nacional de Seguro Social, sendo que cada parte – empregador e empregado – deveria recolher a contribuição mínima de 8% sobre o salário pago. Depois, a Lei n. 8.213, de 24.03.1991, que dispõe sobre os Planos de Benefícios da Previdência Social, aumentou a contribuição patronal para 12% e, com relação aos empregados, os 8% permaneceram apenas com relação a determinado valor do salário. Foram criadas duas outras alíquotas: 9 e 11%. Na atualidade (2015), a primeira é aplicada para quem ganha mais de R$ 1.399,13 e até R$ 2.331,88, sendo a segunda para quem recebe de R$ 2.331,89 até R$ 4.159,00. Outro benefício concedido foi o de férias anuais de 20 dias úteis. Note-se que a aludida Lei n. 5.859 omitiu sobre importantes aspectos nas relações de trabalho doméstico, nada tratando a respeito de, por exemplo, salário mínimo, jornada de trabalho, intervalo, descanso semanal remunerado, 13º salário, adicionais, verbas rescisórias, entre outros.

1.3. CONSTITUIÇÃO FEDERAL DE 1988

As condições do doméstico experimentaram considerável progresso com a CF/88 – Constituição Federal de 1988. O artigo 7º contém trinta e quatro incisos instituindo direitos para os trabalhadores urbanos e rurais. Ainda mantendo restrições que vinham de longa data, mais uma vez excluiu os operários do lar da listagem inicial, mas o legislador constituinte teve o cuidado de acrescentar um parágrafo único no final do referido art. 7º, com a seguinte redação:

> *São assegurados à categoria dos trabalhadores domésticos os direitos previstos nos incisos IV, VI, VIII, XV, XVII, XVIII, XIX, XXI e XXIV, bem como a sua integração à previdência social.*

Essas nove vantagens, se feito um confronto com as trinta e quatro concedidas aos demais obreiros do país, seriam consideradas, a princípio, pouco numerosas, porém não deixaram de ser conquistas valiosas ao levarmos em conta a reduzidíssima proteção anterior. Para o leigo em Direito, que não tem à mão um exemplar da nossa Carta Magna, é interessante relacionar os direitos a que se referem os incisos citados: IV – salário mínimo; VI – irredutibilidade do salário, salvo disposto em convenção ou acordo coletivo; VIII – 13º salário; XV – repouso semanal remunerado; XVII – férias com o adicional de um terço; XVIII – licença à gestante, sem prejuízo do emprego e do salário, com duração de cento e vinte dias; XIX – licença-paternidade; XXI – aviso-prévio proporcional ao tempo de serviço, observado o mínimo de 30 dias.

1.4. FGTS E SEGURO-DESEMPREGO

Após a CF/88, a primeira mudança em favor dos domésticos ocorreu por meio da Lei n. 10.208, de 25.03.2001, que acrescentou o art. 3º-A à Lei n. 5.859, tornando facultativa a inclusão do empregado doméstico no FGTS – Fundo de Garantia do Tempo de Serviço, a critério do empregador. Também ficou assegurado, somente ao empregado inscrito nesse Fundo, o direito ao seguro-desemprego. Os novos arts. 6º-B a 6º-D, igualmente acrescentados à referida Lei n. 5.859, regulam a concessão desse seguro. Na prática, poucos empregadores optaram por recolher o FGTS de seus empregados.

1.5. MAIS VANTAGENS COM A LEI N. 11.324

Outra alteração benéfica aos domésticos verificou-se a partir da Lei n. 11.324, de 19.07.2006. Mais uma vez a antiga Lei n. 5.859 foi modificada, sendo-lhe acrescido o art. 2º-A, que proibiu o desconto no salário dos trabalhadores do lar pelo fornecimento de alimentação, vestuário, higiene ou moradia. Como exceção, previu a possibilidade do desconto em moradia quando o local for diverso da residência em que ocorrer a prestação do serviço. A mesma Lei n. 11.324 também revogou a alínea *a* do art. 5º da Lei n. 605, de 05.01.1949, que excluía os domésticos do direito ao gozo do repouso semanal remunerado. Outra importante conquista obtida com a indicada lei foi a proibição da dispensa arbitrária e sem justa causa de empregada doméstica gestante, no período entre a confirmação da gravidez e cindo meses após o parto. Esclareceu, ainda, dois pontos que suscitavam dúvidas: a) fixou o período das férias em 30 (trinta) dias corridos, com o adicional constitucional de 1/3 (um terço); b) considerou justa causa para a despedida as hipóteses previstas no art. 482 da CLT, salvo as alíneas *c* (negociação habitual) e *g* (violação de segredo da empresa).

1.6. A EMENDA CONSTITUCIONAL N. 72

O último e vitorioso avanço na legislação referente aos domésticos se verificou em 2013, quando, no Diário Oficial da União de 3 de abril, foi publicada a Emenda Constitucional n. 72, que tem o seguinte teor:

Altera a redação do parágrafo único do art. 7º da Constituição Federal para estabelecer a igualdade de direitos trabalhistas entre os trabalhadores domésticos e os demais trabalhadores urbanos e rurais.

As Mesas da Câmara dos Deputados e do Senado Federal, nos termos do § 3º do art. 60 da Constituição Federal, promulgam a seguinte Emenda ao texto constitucional:

"Art. 7º..

....

Parágrafo único. São assegurados à categoria dos trabalhadores domésticos os direitos previstos nos incisos IV, VI, VII, VIII, X, XIII, XV, XVI, XVII, XVIII, XIX, XXI, XXII, XXIV, XXVI, XXX, XXXI e XXXIII e, atendidas as condições estabelecidas em lei e observada a simplificação do cumprimento das obrigações tributárias, principais e acessórias, decorrentes da relação de trabalho e suas peculiaridades, os previstos nos incisos I, II, III, IX, XII, XXV e XXVIII, bem como a sua integração à previdência social.

Cada um desses novos direitos será tratado, com detalhes, nos próximos capítulos do presente livro. Ressalte-se que parte dos direitos criados com a EC/72 entraram de imediato em vigor, como a jornada máxima de trabalho de 8 (oito) horas diárias e 44 (quarenta e quatro) semanais, bem como o pagamento das horas que excedam esses limites. O valor de tais horas extras será acrescido do adicional mínimo de 50% (cinquenta por cento).

A regulamentação de todos os novos direitos conquistados foi afinal aprovada por meio da Lei Complementar n. 150, de 1º de junho de 2015, publicada no DOU – Diário Oficial da União do dia seguinte. Alertamos que, em todas as demais páginas deste livro, usaremos as abreviaturas EC/72 e LC/150 para as já citadas Emenda Constitucional e Lei Complementar, respectivamente.

Vale adiantar que alguns direitos somente passam a ser devidos após regulamentados no prazo de 120 (cento e vinte) dias, a contar da publicação da LC/150, ou seja, a partir de 2 de outubro de 2015. São eles:

a) depósitos obrigatórios do FGTS;

b) seguro-desemprego;

c) remuneração do trabalho noturno;

d) salário-família;

e) assistência gratuita aos filhos e dependentes desde o nascimento até 5 (cinco) anos em creches e pré--escolas;

f) seguro contra acidente do trabalho.

Chama-se a atenção que o direito a *"uma relação de emprego protegida contra despedida arbitrária ou sem justa causa, nos temos de lei complementar, que preverá indenização compensatória, dentre outros direitos"*, previsto no inciso I do art. 7º da CF/88 e que agora alcança os domésticos, nunca foi regulamentado, o que atinge *todos* os empregados do país.

2

Admissão do Doméstico

2.1. ESCLARECIMENTO NECESSÁRIO

Como poderão constatar os leitores, durante todo o decorrer deste livro iremos, com frequência, mencionar dispositivos da CLT a fim de basear nossas afirmativas. A própria LC/150 – Lei Complementar n. 150, de 1º.6.2015 –, que regulamentou a Emenda Constitucional n. 72, referida no Capítulo anterior, dispõe, no art. 19, que a CLT servirá como fonte subsidiária. Isso significa que suas normas serão usadas em caso de omissão da LC/150, desde que não colidam com regras desta. Tendo em vista que a lei regulamentadora dos novos benefícios atinentes ao doméstico não esgota todas as situações fáticas a serem observadas na prática, acreditamos que os tribunais trabalhistas, com certeza, terão de preencher as prováveis lacunas, interpretando as normas da própria LC/150, da CLT e de outras leis que contenham regras trabalhistas, constituindo a denominada *jurisprudência*. Quando uma determinada interpretação se torna dominante, os tribunais costumam aprovar *súmulas*, cujo texto representa uma síntese da tendência que veio a prevalecer. O TST – Tribunal Superior do Trabalho, antes de emitir uma súmula, também aprova, por meio de sua Comissão de Jurisprudência e Precedentes Normativos, as chamadas *orientações jurisprudenciais*, conhecidas pela abreviatura OJ, síntese interpretativa que começou a ser reiterada em decisões, mas que ainda não obteve a consagração, na forma de súmula, pelo Pleno do referido tribunal. Como se observará ao longo desta obra, o autor vai diversas vezes basear suas afirmações em súmulas e OJs do TST.

2.2. DEFINIÇÃO DE EMPREGADO DOMÉSTICO

É importante, antes de tomar a decisão de contratar um(a) auxiliar para as tarefas do lar, saber de que forma essa espécie de trabalhador se distingue dos demais. Entendemos que o primeiro artigo da LC/150 contém uma definição que satisfaz:

...aquele que presta serviços de forma contínua, subordinada, onerosa e pessoal e de finalidade não lucrativa à pessoa ou à família, no âmbito residencial destas, por mais de 2 (dois) dias por semana...

Cabe-nos fazer breves comentários sobre o texto legal. Segundo o art. 3º da CLT, é considerado empregado:

...toda pessoa física que prestar serviços de natureza não eventual a empregador, sob a dependência deste e mediante salário.

Como se nota, nada menos de quatro características na forma de prestar o serviço aproximam o doméstico dos demais empregados: a) continuidade – a CLT refere-se a serviço *"de natureza não eventual"*; b) subordinação – a CLT contém *"sob a dependência"* do empregador; c) onerosidade – equivale, na CLT, a *"mediante salário"*; d) pessoalidade – não pode qualquer empregado, incluindo o doméstico, fazer-se substituir por um estranho à relação contratual, na execução dos serviços que lhe são atribuídos, salvo, em casos especialíssimos, com expressa autorização do empregador – a CLT estabelece a restrição de que apenas pode ser empregado a *"pessoa física"*, deduzindo-se que exige a pessoalidade.

Restam três limitações que caracterizam, principalmente, o empregado doméstico: a) o serviço deve ser executado no âmbito residencial, atendendo a uma pessoa ou a uma família; b) as tarefas desempenhadas no interior dos lares nunca devem ter a finalidade lucrativa; c) a jornada de trabalho será cumprida por mais de 2 (dois) dias por semana. Essa última determinação a respeito do número de dias de labor na semana veio solucionar uma dúvida que incomodava muitos empregadores domésticos. Ficou agora claro que o trabalho realizado em até 2 (dois) dias semanalmente não constitui relação de emprego, podendo ser efetuado pelos(as) chamados(as) *"diaristas"*.

Muita gente se acostumou a classificar como doméstico ou doméstica (predominam pessoas do sexo feminino nessa profissão) apenas a cozinheira, a faxineira e a babá. Vale alertar que se enquadram também no grupo: arrumadeira, faxineira, passadeira, jardineiro, vigilante, enfermeira particular, caseiro, cuidador de idoso, motorista particular, mordomo e governanta. Há até quem sustente que o piloto de helicóptero ou de pequenas aeronaves, desde que não sirva ao patrão em compromissos empresariais, poderá ser tido como doméstico. O vigilante, o motorista e o piloto, embora não prestem serviços rigorosamente *"no âmbito residencial"*, considera-se que isso não os impede de serem classificados com domésticos, uma vez que executam um trabalho exclusivo e a favor do empregador doméstico ou para ele e sua família.

2.3. ASSINATURA E ANOTAÇÕES NA CTPS

Feitos os esclarecimentos prévios acima, passemos às instruções sobre as providências com vistas à contratação de um empregado doméstico, começando pela obrigatoriedade de registrar dados essenciais do trabalhador num documento comumente conhecido pela abreviatura CTPS, que significa Carteira de Trabalho e Previdência Social. No passado, a denominação oficial era "Carteira Profissional", que não mais se usa.

A exigência de que a CTPS seja assinada vem desde a Lei n. 5.859, de 11.12.1972, que reconheceu a profissão de empregado doméstico e determinou que este passe a ser segurado obrigatório do INSS. Por causa disso, o dono ou a dona de casa não deve contratar ninguém sem portar tal documento, que é fácil de ser adquirido nas Superintendências Regionais do Trabalho e Emprego (antigas Delegacias Regionais do Trabalho) ou em escritórios por elas credenciados. O art. 9º da LC/150 obriga que sejam feitas as devidas anotações na CTPS, limitando-se a mencionar a data de admissão, a remuneração e, quando for o caso, os contratos previstos nos incisos I e II do art. 4º da mesma lei, ou seja, no caso de serem por tempo determinado. Também exige que as anotações sejam registradas no prazo de 48 (quarenta e oito) horas, a contar do ato da contratação. Por ser um artigo de curto texto, acreditamos que poderão ser aplicáveis ao doméstico quase todas as normas existentes na CLT sobre o assunto, contidas nos seguintes dispositivos: arts. 13 a 40 e 49 a 53. São numerosas as normas, entrando em muitos detalhes a respeito da emissão, entrega e possíveis alterações do documento pelo Ministério do Trabalho e Emprego. No decorrer do contrato, também deverão ser anotados os reajustes salariais, os períodos de férias gozados e, caso ocorram, as possíveis alterações na função ou nas condições do labor, bem como a ocorrência de acidente do trabalho. Chama-se a atenção de que o § 4º do art. 29 da CLT proíbe ao empregador efetuar anotações, na CTPS, desabonadoras da conduta do empregado, sob pena de multa. Também na CLT existem normas que indicam as providências a serem tomadas pelo empregado quando o empregador se recusa a proceder às anotações. De início, ele deve procurar as Superintendências Regionais do Trabalho e Emprego (antigas Delegacias) e, frustrada essa primeira medida, apresentar reclamação na Justiça do Trabalho. As regras celetistas preveem ainda as penalidades contra quem pratica o crime de falsas anotações ou comete infrações como vender carteiras iguais ou semelhantes à oficial, extraviar ou inutilizar a CTPS e não anotá-la em 48 horas.

2.4. OUTROS DOCUMENTOS

O art. 2º da antiga Lei n. 5.859, já revogada, mencionava que o empregado, ao ser admitido, deveria, além da CTPS, também apresentar atestado de boa conduta e atestado de saúde. O primeiro é uma garantia para o próprio empregador de que não estaria contratando alguém com antecedentes criminais ou mau comportamento.

O candidato ou candidata a emprego pode conseguir esse documento, comumente chamado "*folha corrida*", numa delegacia de polícia. Entendemos que, se o futuro empregado vem indicado por uma empresa conceituada de recrutamento e seleção ou recomendado por parentes e amigos de confiança, a exigência se torna desnecessária. Acreditamos, porém, que o atestado de saúde é imprescindível. Tendo em vista que agora, de acordo com a EC/72, o doméstico quase se igualou aos demais trabalhadores no que toca aos direitos trabalhistas, terá que ser observado, a nosso ver, o art. 168 da CLT, que tornou obrigatórios os exames médicos do empregado – por conta do empregador, destaque-se – tanto no ato da admissão, como também na dissolução do contrato e até periodicamente, além de exames complementares, a critério médico, quando as circunstâncias exigirem. É importante assinalar que, para efeito de recolhimento das contribuições previdenciárias, o empregado deve informar o número de sua inscrição no CEI – Cadastro Específico de Informação do INSS. Se ainda não se inscreveu, poderá fazê-lo em qualquer agência dos Correios, pelo telefone 135 da Central de Teleatendimento, ou pelo *site* <www.previdenciasocial.gov.br>.

2.5. FORMA DO CONTRATO

Exceto no que concerne a determinadas categorias, a lei, no geral, não dispõe que o contrato de trabalho seja escrito. Basta a simples assinatura da CTPS e a relação contratual já está efetivada. Entretanto, em face do aumento considerável dos direitos dos domésticos com a EC/72, passou a ser recomendável que as partes envolvidas celebrem a contratação por intermédio de um documento escrito. Passaram a ser exigíveis, por exemplo, a observância de uma jornada máxima de trabalho para o doméstico (oito horas diárias e quarenta e quatro semanais), bem com a possibilidade de compensação de horário e prorrogação deste, com o cumprimento de horas extras e noturnas. A LC/150 permite essa compensação na forma prevista nos §§ 4º, 5º e 6º do art. 2º. Informaremos os detalhes no Capítulo 4 (pág. 31), que trata da duração do trabalho. Adiantamos que a mesma LC autorizou o sistema de 12 horas de trabalho por 36 horas de descanso, observados ou indenizados os intervalos para descanso e alimentação, sendo que a remuneração mensal abrange o repouso semanal remunerado e o descanso nos feriados. Alerte-se que, em ambas as formas de compensação, é obrigatório o prévio acerto mediante *acordo escrito*. Por causa disso, entendemos que as partes deverão estabelecer, numa das cláusulas do contrato, essa previsão (se for o caso). É interessante, ainda, que fiquem bem esclarecidas, no contrato, certas condições especiais próprias de determinadas funções. Deve ser mencionado, claramente, se o empregado vai ou não dormir no local de trabalho e, em caso positivo, se as horas de sono serão computadas como de repouso ou – nas hipóteses de babá ou cuidador de idoso, em especial – se poderá eventualmente o empregado levantar durante a noite para prestar algum serviço à criança ou ao idoso. A forma de pagamento dessas horas noturnas deve também ser fixada de modo expresso, a fim de evitar problemas futuros. Outro aspecto a ser definido em cláusula contratual diz respeito à responsabilidade do empregado quando ele causa algum prejuízo. O § 1º do art. 462 da CLT somente autoriza o desconto no salário se for constatado dolo do empregado, porém, se o dano for causado por simples culpa, diz a lei que apenas é lícito o desconto se essa possibilidade estiver previamente acordada. Conforme a Súmula n. 199 do TST – Tribunal Superior do Trabalho, dirigida ao bancário, mas válida para qualquer empregado, não é permitida a pré-contratação de horas extras, isto é, não pode constar do contrato que o trabalhador irá cumprir, *sempre*, uma jornada superior à normal. Nada impede, porém, que figure numa das cláusulas que, *havendo necessidade do serviço*, o empregado concorda em prestar horas extras, a serem compensadas ou pagas.

Chamamos a atenção de que, por força da Lei n. 4.591, de 16.12.1964, os porteiros, zeladores e faxineiros de condomínios residenciais, verticais ou horizontais, não são considerados domésticos. Segundo o parágrafo único do art. 1º da LC/150, é vedada a contratação de menores de 18 anos para exercer o trabalho doméstico.

2.6. CONTRATO POR TEMPO DETERMINADO, INCLUSIVE DE EXPERIÊNCIA

Não há impedimento legal se empregador e empregado resolvam celebrar um contrato por tempo determinado, inclusive o contrato de experiência. A autorização e a regulamentação para tanto estão contidas no art. 9º da LC/150. Há, contudo, alguns limites que devem ser observados. No primeiro caso (prazo fixado), o contrato deve ser para o(a) contratado(a) substituir outro(a) doméstico(a) ou para prestar serviço de natureza transitória, sendo que sua duração vai até o término do evento que motivou a contratação, obedecido o limite máximo de um ano.

O contrato de experiência nunca pode ultrapassar o prazo de 90 (noventa) dias, sob pena de transformar-se em contrato por tempo indeterminado. Também terá a mesma consequência (conversão em prazo indeterminado) se for celebrado por prazo menor e não for prorrogado. Fique claro que é possível estabelecer um tempo menor de duração e prorrogar o contrato, contanto que a soma dos dois períodos não exceda do citado limite. Exemplos: um primeiro de 45 dias e outro de igual tempo ou o primeiro de 60 dias e o seguinte de 30 dias. Somente é permitida uma única prorrogação ou nenhuma se, a princípio, o pacto já fora firmado pelo prazo máximo de 90 dias. Não existe vedação de lei se as partes, ao celebrarem um contrato por tempo indeterminado, acrescentarem uma cláusula prevendo um período inicial de experiência, observadas as mencionadas limitações.

Encerrados ambos os contratos no prazo normal ajustado, não é devido o aviso-prévio por nenhuma das partes. Todavia, se o empregador vier a despedir o empregado, sem justa causa, antes de decorrido o prazo, fica obrigado a pagar-lhe, a título de indenização, e por metade, a remuneração a que teria direito até o termo do contrato. Advirta-se que, se for o empregado que tome a iniciativa de romper o contrato antes de cumprido o prazo, também sem justa causa, terá ele de indenizar o empregador pelos prejuízos que vier a lhe causar, sendo que a indenização não poderá ser maior do que aquela que receberia em situação inversa.

2.7. MODELOS

Na parte final deste livro, o leitor encontrará uma série de modelos que serão utilizados no ato da contratação e durante as relações trabalhistas com domésticos. Há diversas sugestões de redação das cláusulas recomendadas nos parágrafos acima.

2.8. QUEM JÁ VINHA TRABALHANDO ANTES DA EC-72

Os modelos de contratos de trabalho apresentados no anexo deste volume são destinados ao uso no ato da primeira admissão do doméstico. Com frequência, somos indagados por interessados para saber como proceder no caso em que o empregado já prestava serviço antes de a EC/72 entrar em vigor. Tendo em vista que muitas normas sofreram mudanças, nossa orientação é no sentido de que empregador e empregado devem rescindir o antigo contrato amigavelmente, sendo pagas, de modo integral, as verbas rescisórias devidas. Não há nenhuma ilegalidade em firmar um novo contrato no dia imediato. Afinal, em face das mudanças consideráveis ocorridas na legislação atinente ao doméstico, não constitui fraude as partes repactuarem – de livre vontade – as condições de uma relação de emprego sob circunstâncias bem diversas. No passado, essa atitude encontrava obstáculo na Súmula n. 20 do TST, que presumia fraudulenta a rescisão contratual se o empregado permanecia prestando serviço ou era readmitido em curto prazo, mesmo que tivesse recebido indenização de antiguidade. O referido verbete foi cancelado desde março de 2001. Hoje está pacífico o entendimento, com base no art. 453 da CLT, de que não é computável o tempo de serviço anterior do empregado, se readmitido, quando a despedida ocorreu por falta grave ou *foram percebidas as indenizações legais*. O indicado dispositivo celetista ainda se referia à aposentadoria espontânea, mas, nesse ponto, o STF julgou inconstitucional a hipótese, julgando uma ação proposta a respeito de dois parágrafos acrescentados pela Lei n. 9.528/97 ao citado art. 453. As parcelas cabíveis na rescisão amigável estão relacionadas nas observações contidas no final do modelo respectivo (pág. 126). Registre-se que o prazo de 6 (seis) meses a que se refere o art. 452 da CLT diz respeito à hipótese de um contrato por tempo *determinado* ser sucedido por outro (também por tempo determinado) em prazo inferior ao indicado. A penalidade, se isso ocorrer, será considerar-se o segundo contrato por tempo indeterminado, salvo se a expiração do primeiro contrato estava na dependência da execução de serviços especializados ou da realização de certos acontecimentos. Como visto, a circunstância de um contrato por tempo *indeterminado* suceder outro da mesma espécie é bem diferente.

3

Salário e Remuneração

3.1. DIFERENÇA

Como este livro também se destina a leigos em Direito, vale dar uma breve informação sobre a diferença, do ponto de vista legal, entre os termos usados no título do capítulo. Na linguagem comum, costuma-se usar a palavra *salário* como sendo o valor mensal que se paga a um empregado. O sentido jurídico, conforme art. 457 da CLT e seus parágrafos, é mais amplo. Compreende todos os valores devidos ao empregado como contraprestação dos serviços por ele prestados e pagos *diretamente* pelo empregador. Desse modo, além do que se chama *salário básico* ou *salário-base*, igualmente possuem natureza salarial as comissões, percentuais, gratificações (inclusive a natalina, mais conhecida como 13º salário), horas extras, adicionais, diárias de viagem que excedam 50% do salário, prêmios, abonos, entre outros. Por serem consideradas verbas de natureza indenizatória, não integram o salário: ajuda de custo, diária de viagem abaixo de 50% do salário, participação nos lucros e vale-transporte. Como se vê, salvo esta última parcela, os valores indenizatórios não costumam ser pagos nas relações de emprego doméstico. Mais um aspecto a destacar: existe, ainda, o *salário-utilidade,* também chamado *salário in natura*, ou seja, aquele que não é pago em dinheiro, mas sim por meio de certas utilidades como alimentação, habitação, vestuário e outras que resultem do contrato ou dos costumes, fornecidas habitualmente pelo empregador. Cumpre adiantar que o salário-utilidade, no caso do doméstico, em parte está vedado, pois, como visto no subitem 1.5. do Capítulo 1 (pág. 19), desde a Lei n. 11.324, de 19.07.2006, ficou proibido o desconto no salário do doméstico de utilidades como alimentação, vestuário, higiene ou moradia. Como exceção, a mesma lei previu a possibilidade do desconto em moradia quando o local for diverso da residência em que ocorrer a prestação do serviço e as partes acordarem expressamente nesse sentido. Fique bem claro que o empregador não está proibido de fornecer as utilidades citadas, mas apenas não pode considerá-las como salário *in natura*, salvo a hipótese de exceção já vista.

O vocábulo *remuneração*, de acordo com a definição de lei (mesmo art. 457 da CLT), significa a soma do salário, na acepção ampla, com os valores percebidos *indiretamente* pelo empregado, a exemplo das gorjetas, que, como se sabe, são oferecidas pelos clientes do empregador. A possibilidade de um doméstico receber gorjeta é, na prática, inexistente, mesmo porque durante o trabalho no interior das residências – por não ter finalidade lucrativa e ser dirigido tão somente ao empregador e seus familiares – não há prestação de serviço a cliente. Em face disso, adotaremos, nesta obra, as duas palavras do título como sinônimas.

3.2. FORMA DE PAGAMENTO

O pagamento do salário, em nenhuma hipótese, pode ser estipulado por período superior a um mês, permitindo-se ser semanal ou quinzenal. Essa restrição não atinge as comissões, percentagens e gratificações. No caso de pagamento mensal, o empregador dispõe do prazo de até 5 (cinco) dias úteis do mês subsequente ao vencido para quitá-lo. O salário deve ser pago, contra recibo, com moeda corrente, em dia útil, no local do trabalho e dentro do horário do serviço ou logo após o encerramento deste. O parágrafo único do art. 464 da CLT – aplicável aos domésticos, a nosso ver – autoriza o depósito do valor do salário em conta corrente bancária, aberta para esse fim pelo empregado, que deverá dar consentimento expresso para tanto, sendo que o estabelecimento bancário deve ficar próximo do local de trabalho.

Ressalte-se que nenhum empregado deve receber menos do que o salário mínimo. Vale alertar que, quando a lei fixa o valor do mínimo, especifica a quantia a ser paga por mês, por dia e por hora. Isso significa que *é possível* um trabalhador receber uma remuneração *mensal* inferior ao mínimo estabelecido para ser pago *por mês*, desde que ele tenha uma carga de trabalho menor do que 8 (oito) horas por dia e 44 (quarenta e quatro) semanais. Vamos dar o exemplo de alguém que contrata um doméstico para prestar serviços durante 4 (quatro) horas por dia e não exceda de 22 (vinte e duas) horas por semana. Nesse caso, o salário pode ser fixado em *metade* do mínimo legal, uma vez que foi obedecido o salário/hora mínimo. Chamamos atenção de que, por autorização da Lei Complementar n. 103/2000, alguns Estados brasileiros têm estabelecido um *"piso salarial estadual"*, maior do que o salário mínimo nacional, que deve ser observado por todos os empregadores, inclusive pelos empregadores domésticos. Recomenda-se que o leitor ou a leitora pesquise se, em seu Estado, foi aprovada uma lei nesse sentido.

O cálculo para obter o valor do salário-hora normal, em caso de doméstico mensalista, deve ser efetuado dividindo-se o salário mensal por 220 (duzentas e vinte) horas, salvo se o contrato estipular jornada mensal inferior que resulte em divisor diverso. O salário-dia normal, também em caso de empregado mensalista, será obtido dividindo-se o salário mensal por 30 (trinta) e servirá de base para pagamento do repouso remunerado e dos feriados trabalhados.

3.3. PROTEÇÃO AO SALÁRIO

Além de algumas exigências já mencionadas (periodicidade, prazo e lugar do pagamento, uso de moeda corrente), a lei também protege o salário das seguintes formas: a) recibo obrigatório assinado pelo empregado; b) em princípio, são proibidos descontos, salvo quando resultar de adiantamentos, determinados em lei (previdência, 6% do vale-transporte etc.) ou autorizado em instrumento coletivo; c) na hipótese de dano provocado pelo empregado, o desconto é apenas permitido se houve dolo ou, no caso de culpa, se há previsão no contrato; d) a cessação do contrato não prejudica comissões e percentagens devidas; e) é vedado o chamado salário complessivo, ou seja, se for devida mais de uma parcela no mês, terão de ser discriminadas, não podendo constar do recibo ou da folha de pagamento um valor total único abrangendo todas elas (atribuir, por exemplo, uma só quantia para quitar o salário- -base, um adicional e horas extras). Acrescente-se que a própria CF/88, no inciso X do art. 7º, considera crime a retenção dolosa de salário.

A proteção se estende ainda contra os credores do empregado: a) impenhorabilidade do salário – art. 649, IV, do CPC; b) restrições à compensação – apenas podem ser compensadas dívidas trabalhistas, que devem somente ser arguidas na contestação de uma ação judicial – Súmulas ns. 18 e 48 do TST. Na rescisão contratual, a compensação não pode exceder ao equivalente a um mês da remuneração do empregado (§ 5º do art. 477 da CLT).

Queremos chamar a atenção de que os assuntos acima tratados sobre as formalidades no pagamento do salário e a proteção ao mesmo salário tomaram por base dispositivos da CLT, em especial os arts. 462 a 465. Acreditamos, firmemente, que os tribunais trabalhistas vão aplicá-los, por analogia, em relação aos domésticos nos casos concretos futuros. A LC/150 dedicou o art. 18 ao tema dos descontos. Ratificou o que já dispunha a Lei n. 5.859, vedando o empregador doméstico de efetuar descontos por fornecimento de alimentação, vestuário, higiene e moradia, acrescentando ainda, na proibição, as despesas com transporte, hospedagem e alimentação no caso de acompanhamento em viagem. A respeito de moradia, abriu uma exceção, permitindo o desconto quando ela for situada em local diverso da residência em que os serviços são prestados. A lei dispôs também que o fornecimento da moradia, além de não gerar qualquer direito de posse ou propriedade sobre o imóvel por parte do empregado, o valor descontado não tem natureza salarial e, portanto, não integra a remuneração. A mesma LC também se referiu aos descontos com vistas à inclusão do empregado em planos de assistência médico-hospitalar e odontológica, de seguro e de previdência privada, acrescentando que a dedução não poderá ultrapassar 20% (vinte por cento) do salário. Nesse ponto, entendemos que é aplicável ao doméstico a totalidade da interpretação contida na Súmula n. 242 do TST – Tribunal Superior do Trabalho, cujo texto é o seguinte:

> *Súmula 342 – Descontos salariais efetuados pelo empregador, com a autorização prévia e por escrito do empregado, para ser integrado em planos de assistência odontológica, médico-hospitalar, de seguro, de previdência privada, ou de entidade cooperativa, cultural ou recreativa associativa dos seus trabalhadores, em seu benefício e dos seus dependentes, não afrontam o disposto pelo art. 462 da CLT, salvo se ficar demonstrada a existência de coação ou de outro defeito que vicie o ato jurídico.*

Vale observar que a autorização para o desconto deve ser prévia e por escrito, sendo nula se ficar provado que o empregado sofreu qualquer pressão ou coerção ilegal que interferiu na sua livre vontade.

3.4. 13º SALÁRIO

A gratificação natalina – ou o 13º salário, como é mais conhecida – deve ser paga anualmente até o dia 20 de dezembro na base da remuneração do citado mês para os que percebem um valor fixo. Quem recebe salário variável, ou seja, por tarefa, por peça ou por produção (é muito raro entre os domésticos), o cálculo é feito de acordo com a média dos meses antecedentes. Uma primeira parcela deve ser paga entre fevereiro e novembro de cada ano, correspondendo à metade do salário percebido no mês anterior, podendo o empregado solicitar, em janeiro, que o valor lhe seja pago no mês das férias. O adiantamento será compensado por ocasião do pagamento da segunda parcela. O cálculo total deverá ser apurado e pago em dezembro, sendo a remuneração fixa ou variável.

Quando ocorre rescisão do contrato de trabalho – exceto se for por justa causa – o empregado tem direito ao 13º salário proporcional – na base de tantos 1/12 (um doze avos) quantos forem os meses trabalhados, considerando-se como um mês a fração igual ou superior a 15 dias. A gratificação proporcional é ainda devida no final dos contratos a prazo e quando o empregado pede demissão ou se aposenta. Rescindido o contrato, por culpa recíproca, o empregado terá direito a 50% do valor que lhe seria devido (Súmula n. 14 do TST).

As Leis ns. 4.749/65 e 7.418/65 regulam a gratificação natalina, que depois teve sua denominação consagrada como "décimo terceiro salário", curiosamente até na própria Constituição Federal (art. 7º, VIII). A autorização para o uso das normas das citadas leis na relação de emprego do doméstico encontra-se no art. 19 da LC/150.

3.5. ADICIONAL DE PERICULOSIDADE

Têm direito ao *adicional de periculosidade* – conforme redação atual do art. 193 da CLT, alterado pela Lei n. 12.740, de 08.08.2012, – os empregados que prestam serviços em atividades ou operações perigosas que, por sua natureza ou métodos de trabalho, impliquem risco acentuado em virtude de exposição permanente a: a) inflamáveis, explosivos ou energia elétrica; b) roubos ou outras espécies de violência física nas atividades profissionais de segurança pessoal ou patrimonial. Os que trabalham numa dessas condições fazem jus a um adicional no valor de 30% sobre o *salário básico*. O MTE – Ministério do Trabalho e Emprego ficou encarregado de regulamentar quais seriam tais atividades ou operações perigosas.

Normalmente, os domésticos trabalham longe de materiais perigosos e seu serviço, em princípio, não envolve questões de segurança. A EC n. 72 tem pouco tempo de vigência, sendo ainda muito prematuro imaginar como os tribunais trabalhistas decidirão, por exemplo, nos casos em que o(a) cozinheiro(a) presta serviço ao lado de um botijão de gás. Afinal, não há como negar que se trata de um produto inflamável, mas é bom lembrar que o § 2º do art. 195 da CLT, em sendo apresentada reclamação trabalhista, obriga a realização de perícia para que seja reconhecida a condição perigosa. Nesse ponto, vale lembrar que numerosas casas optam por instalar o botijão em área livre e distante do ambiente da cozinha. Os edifícios, por sua vez, em especial os de mais recente construção, preferem ter uma central de gás em local seguro. Tais medidas são suficientes para afastar possíveis situações perigosas. Existe ainda a possibilidade de alguém contratar, como doméstico, um vigilante para zelar pela segurança de seu imóvel residencial. O MTE, na regulamentação, e os tribunais, por meio da jurisprudência, irão interpretar se essa segunda hipótese se enquadra no item *b* referido no parágrafo anterior.

3.6. ADICIONAL DE INSALUBRIDADE

Aqueles que trabalham em atividades insalubres – assim consideradas as que estão relacionadas na NR (Norma Reguladora) n. 15, aprovada pela Portaria n. 3.214/78 do Ministério do Trabalho e Emprego – devem receber um *adicional de insalubridade*. A lista é extensa. Em resumo, pode-se afirmar que é insalubre o labor em que há o manuseio de substâncias nocivas à saúde humana ou quando é nocivo o ambiente onde o empregado presta serviço. No passado, era calculado sobre o valor do salário mínimo. O percentual varia de acordo com o grau da insalubridade: grau máximo – 40%, médio – 20% e mínimo – 10%. O STF, em maio de 2008, aprovou a Súmula Vinculante n. 04, nos seguintes termos: *"Salvo os casos previstos na Constituição Federal, o salário mínimo não pode ser usado como indexador de base de cálculo de vantagem de servidor público ou de empregado, nem ser substituído por decisão judicial"*. A parte final – na qual aquela Alta Corte veda a substituição do salário mínimo como indexador por meio de decisão judicial – criou um impasse, uma vez que, até o presente, ainda não foi votada uma lei fixando outra forma de cálculo. Em face disso, os tribunais trabalhistas vêm entendendo que, no caso de empregados que já recebiam o adicional de insalubridade com base no salário mínimo, essa forma de calcular não deverá ser modificada, salvo se um instrumento coletivo (convenção coletiva, acordo coletivo ou sentença normativa) vier a estabelecer outro indexador. As dúvidas permanecem em relação aos empregados admitidos após a Súmula do STF. Havendo colegas de trabalho que já vinham recebendo o adicional com base no mínimo, não pode o cálculo ser diferente, em face do princípio da isonomia salarial. E se a condição insalubre começou na época da admissão do novo empregado ou pouco depois? Há doutrinadores entendendo que, por analogia, o adicional deve ser calculado sobre o total da remuneração. Ainda não existe jurisprudência firmada sobre esse tema.

Cabe aqui também a observação feita no subitem anterior sobre a precocidade em emitir opinião se haveria possibilidade de o doméstico receber o adicional em questão. Vai depender de como os tribunais trabalhistas decidirão a respeito do assunto. Fique de logo esclarecido que o § 2º do art. 195 da CLT exige que, proposta uma ação trabalhista e havendo necessidade de caracterizar e classificar a periculosidade ou a insalubridade em determinado ambiente de trabalho, é obrigatória a realização de uma perícia a cargo de médico ou engenheiro devidamente registrado no Ministério do Trabalho e Emprego. Acrescente-se que o TST, mediante a OJ – Orientação Jurisprudencial n. 4 da Seção de Dissídios Individuais-I, interpretou que a limpeza em residências e escritórios e a respectiva coleta de lixo não podem ser consideradas atividades insalubres, mesmo constatadas por laudo pericial, porque não constam da portaria ministerial que classificou tais atividades.

Registre-se, por fim, que a LC/150 não contém nenhum dispositivo sobre os adicionais de insalubridade e de periculosidade. Como já antes afirmado, a concessão dessas vantagens vai depender das interpretações que os tribunais trabalhistas vieram a dar aos aludidos temas. Aguarde-se, pois, a tendência que irá revelar a jurisprudência.

4

Duração do Trabalho

4.1. LIMITES

É preciso deixar claro que, antes de entrar em vigor a EC/72, o que ocorreu na data de 3.4.2013, não havia nenhuma limitação no cumprimento da jornada de trabalho do doméstico. Operada a mudança, de imediato passou a prevalecer o que determina o inciso XIII do art. 7º da Constituição Federal, o qual, em regra geral, estabelece que a duração do trabalho normal não pode exceder 8 (oito) horas diárias e 44 (quarenta e quatro) semanais. O mesmo dispositivo admite que esse limite seja ultrapassado, sem pagamento extra, quando o excesso de horas de um dia for compensado pela correspondente diminuição em outro dia, contanto que a limitação legal referente à semana – 44 horas – seja respeitada. Apenas é permitida a compensação se o empregado concordar mediante acordo escrito prévio ou existir regra nesse sentido em instrumento coletivo.

Em princípio, segundo o art. 59 da CLT, deveria ser obedecida a carga máxima de 10 (dez) horas por dia, o que equivale a dizer que, diante do limite legal de oito horas diárias, não seriam permitidas mais de 2 (duas) horas excedentes por dia. Todavia, os tribunais trabalhistas, em reiterada jurisprudência, passaram a dar uma interpretação mais flexível à citada norma, a ponto de o TST, mediante a Súmula n. 444, reconhecer a validade do sistema 12x36 (doze horas de trabalho por 36 horas de descanso). Registre-se que a LC/150, no art. 10, também admitiu o mencionado sistema. A diferença é que o TST, mediante a Súmula n. 444, exige que somente ele seja adotado em caráter excepcional e desde que tenha previsão em acordo coletivo ou convenção coletiva. A LC, porém, determina que apenas haja um acordo escrito entre as partes e acrescenta que deverão ser observados os intervalos para repouso e alimentação ou, então, que sejam indenizados os intervalos não concedidos. É curioso assinalar que essa possibilidade de indenização em lugar de concessão do intervalo não é válida para os demais empregados além dos domésticos, conforme interpretação consagrada na Súmula n. 437, II, do TST. Por força do parágrafo único do art. 10 da LC/150, a remuneração mensal pactuada quando vigora o sistema 12x36 abrange os pagamentos devidos pelo repouso semanal remunerado e pelo descanso em feriados, e serão considerados compensados os feriados e as prorrogações de trabalho noturno, quando houver. Entretanto, também nesse ponto, o TST tem posição divergente com referência aos demais empregados. De acordo com a sua Súmula n. 444, é assegurado aos que laboram 12x36 o pagamento dobrado das horas prestadas nos feriados. A OJ n. 388 da SDI-I do mesmo TST, estabelece que, se a jornada alcançar a totalidade do horário noturno (22h até 05h do dia seguinte), o empregado tem direito ao adicional de 20% sobre o valor da hora normal e, tratando-se de jornada mista, o adicional incide ainda sobre as horas além das 05h. Entendemos que é aplicável ao doméstico uma interpretação do TST, contida na aludida Súmula n. 444, de que o empregado submetido ao sistema 12x36 não faz jus ao adicional de horas extras sobre o trabalho prestado na décima primeira e décima segunda horas.

O tempo despendido pelo empregado até o local de trabalho e para seu retorno, por qualquer meio de transporte, não será computado na jornada de trabalho. A lei – § 2º do art. 58 da CLT – prevê uma exceção a essa regra quando o local da prestação de serviço é de difícil acesso ou não servido por transporte público regular e o empregador vier a fornecer a condução. O assunto será tratado adiante num subitem específico.

4.2. INTERVALOS

Para os empregados em geral, sendo contínuo qualquer trabalho, cuja duração exceda 6 (seis) horas, é obrigatória a concessão de um intervalo – mínimo de 1 (uma) e máximo de 2 (duas) horas – para alimentação e repouso. Nas jornadas de 4 (quatro) a 6 (seis) horas, o intervalo obrigatório é de 15 (quinze) minutos. A não concessão do intervalo obriga o empregador a pagar o período respectivo com o acréscimo de 50% sobre o valor da hora normal. A LC/150, no art. 13, refere-se também ao intervalo mínimo de uma hora e máximo de duas horas, admitindo a redução para trinta minutos, mediante acordo escrito, desde que compensado com redução correspondente no final da jornada. A mesma lei também permite, aos domésticos que residem no local de serviço, o desmembramento do intervalo em 2 (dois) períodos, desde que cada um deles tenha, no mínimo, uma hora e, no máximo, 4 (quatro) horas, não sendo exigido prévio acordo. Os intervalos não devem ser computados na duração do trabalho e, uma vez não concedidos pelo empregador, este fica obrigado a pagar o período respectivo com o acréscimo de, no mínimo, 50% da remuneração da hora normal.

Todo empregado deve ter direito a um descanso semanal remunerado de 24 (vinte e quatro) horas consecutivas, preferencialmente aos domingos. Entre duas jornadas de trabalho deverá ser observado um período de descanso nunca inferior a 11 (onze) horas consecutivas. Também não deve haver trabalho nos dias estabelecidos oficialmente como feriados[1]. Nas empresas onde, pela natureza do serviço, existe trabalho aos domingos e feriados, o empregador deve organizar uma escala mensal de revezamento, contanto que não deixe de ser concedido o repouso semanal remunerado a todos os empregados, bem como a compensação pelos dias feriados laborados. Não observada a folga obrigatória, as horas laboradas nos dias reservados ao descanso serão remuneradas em dobro. O serviço prestado no interior dos lares não pode fugir dessas determinações legais. Aliás, a LC/150 contém normas sobre o assunto nos arts. 15 e 16, embora silencie a respeito do revezamento quando há trabalho em domingos e feriados. Quanto a isso, tomamos por base o disposto no parágrafo único do art. 67 da CLT. É evidente que, em casas em que labora um único doméstico, torna-se impossível o revezamento, mas a obrigatoriedade do repouso remunerado na semana e nos feriados se mantém.

4.3. HORAS EXTRAS

Caso o empregador, depois da EC/72, venha a prolongar a jornada de trabalho do doméstico, sem acordo de compensação, terá de remunerar as horas extras – como, aliás, acontece em relação a todos os empregados – com um acréscimo de, no mínimo, 50% sobre o valor da hora normal. Obtém-se o valor da hora extra, sendo mensalista o empregado, dividindo-se o salário mensal por 220 (duzentas e vinte) horas, acrescentando-se ao resultado o apontado percentual. O salário-dia é calculado dividindo-se o salário por 30 (trinta) dias. Exemplo: quem percebe R$ 1.500,00 por mês, o salário-hora é de R$ 6,82 e o salário-dia, R$ 50,00. Cada hora extra – R$ 10,23. Na hipótese de o empregado acompanhar o patrão em viagem, somente serão computadas as horas efetivamente trabalhadas, sendo que, ultrapassada a jornada normal, deverão ser pagas como extras, admitindo-se a compensação. Tornando-se habitual o trabalho em horas extras, os valores respectivos se incorporam ao salário, refletindo no cálculo de outras parcelas, como 13º salário, férias, depósito do FGTS etc.

O empregador pode exigir o labor em horas extras sem o consentimento do empregado nas seguintes hipóteses: a) força maior, devendo ser pagas como se fossem horas normais; b) realização ou conclusão de serviços inadiáveis cuja inexecução possa acarretar prejuízo manifesto, sendo as horas extras remuneradas com o adicional de 50% (o § 2º do art. 61 da CLT se refere a 25%, mas o mínimo constitucional tem de ser obedecido), contanto que a jornada

---

(1) São feriados nacionais: 1º de janeiro – Confraternização Universal; 21 de abril – Tiradentes; 1º de maio – Dia do Trabalho; 7 de setembro – Independência do Brasil; 12 de outubro – Nossa Senhora Aparecida; 2 de novembro – Finados; 15 de novembro – Proclamação da República; e 24 de dezembro – Natal. A Lei autoriza um feriado estadual e quatro municipais, incluída entre estes a Sexta-Feira da Paixão. O município poderá ainda fixar, como feriados, o dia de início e o de término do ano de seu centenário. Curiosidade: Os dias de carnaval não são oficialmente considerados feriados, mas a segunda e a terça-feira da festa, em virtude de costume consagrado no país inteiro, devem ser observadas como tal.

não ultrapasse 12 horas; c) retorno das atividades da empresa após a força maior, com o pagamento das horas extras como normais, até duas por dia e durante o máximo de 45 dias. Considera-se força maior a ocorrência de um fato inevitável, em geral provocado pela natureza, que independe da vontade humana (tempestade, seca, enchentes, por exemplo). Conforme se observa, muito raramente vai ocorrer a circunstância de um doméstico se submeter a uma dessas hipóteses. Em face disso, a LC/150 é omissa sobre o assunto. Registre-se ainda que determinados empregados, por exercerem cargos de gestão (também chamados cargos de confiança) ou por realizarem serviço externo, estão excluídos da regulamentação da jornada de trabalho, o que, em princípio, não traria nenhum interesse para os domésticos, salvo se, no futuro, a jurisprudência entender que mordomos e governantas possam ser enquadrados como exercentes de cargo de confiança.

4.4. COMPENSAÇÃO DE HORÁRIO

A LC/150, no art. 2º e seus parágrafos, além de fixar os limites da carga horária diária e semanal, o valor da hora extra e sua forma de calcular (já visto no subitem anterior), também disciplinou a compensação da jornada do doméstico, que tem algumas diferenças em relação ao que a CLT regula para os demais trabalhadores. Dentro do mesmo mês, as primeiras 40 (quarenta) horas extras deverão ser pagas ou poderão ser compensadas pelas horas não trabalhadas por redução da jornada normal ou por não haver serviço num dia útil. Sendo ultrapassado o indicado limite, é possível efetuar a compensação do saldo excedente das horas extras no prazo máximo de um ano. Frise-se que a possibilidade de compensar-se horário no período de um ano – comumente chamado *"banco de horas"* – está prevista no § 2º do art. 59 da CLT, o qual exige que isso seja autorizado em acordo coletivo ou convenção coletiva. Como se observa, no caso do doméstico foi afastada tal exigência, bastando, pois, um acordo individual. Rescindido o contrato sem terem sido compensadas todas as horas suplementares, o empregador se obriga a pagar, como horas extras, as restantes. Os serviços prestados em domingos e feriados, sem a devida compensação, serão remunerados em dobro. É importante destacar que, conforme o § 7º do citado art. 2º da LC/150, não serão computados como horário de trabalho dos domésticos que moram no local onde servem: os intervalos, o tempo de repouso, as horas não trabalhadas, os feriados e domingos livres. Assinale-se que o sistema 12x36 – já tratado no subitem 4.1. acima – é também uma forma de compensação.

4.5. TRABALHO EM REGIME DE TEMPO PARCIAL

A CLT contém um dispositivo – art. 58-A – que prevê o labor no denominado *regime de tempo parcial*, mas exige, para que seja adotado, uma prévia negociação coletiva. Isso significa que há necessidade de celebração de um acordo coletivo ou convenção coletiva. Analisamos, no subitem 9.4. do Capítulo 9 (pág. 55) as dificuldades para serem firmados instrumentos dessas espécies. No caso do doméstico, portanto, em face da omissão do art. 3º da LC/150 sobre isso, entendemos que está *dispensada* a exigência.

É considerado trabalho em regime de tempo parcial aquele cuja duração não exceda 25 (vinte e cinco) horas semanais, sendo que o salário a ser pago ao empregado será proporcional a sua jornada, em relação ao empregado que cumpre, nas mesmas funções, tempo integral. Foi mantido pela LC/150 o limite máximo da carga horária e o pagamento de salário proporcional à jornada efetiva. A CLT, no § 4º do art. 59, proibiu a prestação de horas extras por empregados que laboram pelo regime de tempo parcial, mas a mesma LC autorizou o trabalho extra até o máximo de uma hora diária, contanto que a jornada não ultrapasse seis horas. A duração das férias é diferente para quem optou pelo regime de tempo parcial e esse assunto será esclarecido no capítulo seguinte.

4.6. HORAS NOTURNAS

Ressalte-se que os domésticos, antes da EC/72, não faziam jus a nenhum acréscimo pelo serviço prestado à noite. Entende-se como trabalho noturno, para os empregados urbanos, o que é executado entre as 22 (vinte e duas) horas de um dia às 5 (cinco) horas do dia seguinte. Há ainda outra vantagem para os que trabalham nas cidades: a chamada hora ficta noturna, ou seja, cada hora deve ser computada como tendo 52 minutos e 30 segundos. Isso significa que as sete horas compreendidas entre 22 e 5h são contadas como oito. O empregador é obrigado a pagar aos empregados urbanos que trabalham à noite um adicional nunca inferior a 20 % sobre a hora diurna. A LC/150 ratificou, no art. 14 e parágrafos, todas essas determinações legais, acrescentando que, se o doméstico foi contratado para trabalhar exclusivamente no horário noturno, o percentual de 20% deve ser calculado sobre o salário anotado na CTPS. De acordo com o item II da Súmula n. 60 do TST, se a jornada noturna for cumprida integralmente e sofrer prorrogação, o mesmo adicional de 20% incidirá sobre as horas excedentes da 5h, sem prejuízo do pagamento do adicional de horas extras. Trata-se de uma interpretação aplicável aos domésticos.

O horário noturno dos empregados rurais é diferente: das 21 (vinte e uma) horas às 5 (cinco) horas para os que trabalham na lavoura e das 20 (vinte) horas às 4 (quatro) horas para os que laboram na pecuária. Não vigora a hora ficta para eles, mas o adicional mínimo é maior: 25%. Existe a possibilidade de um doméstico laborar em área rural, na casa-sede da fazenda, por exemplo, porém entendemos que não lhe são aplicáveis esses horários, por haver dispositivo expresso sobre o assunto em lei específica de sua categoria.

4.7. HORAS "IN ITINERE"

No subitem 4.1., chegamos a fazer referência à regra geral de que o tempo despendido pelo empregado até o local de trabalho e para seu retorno, por qualquer meio de transporte, não será computado na jornada de trabalho. Na oportunidade, afirmamos que há uma exceção, isto é, caso esse local seja de difícil acesso ou não servido por linhas regulares de transporte público coletivo e existindo condução fornecida pelo empregador, o percurso de ida e volta ao lugar da prestação do serviço será computado como de efetivo trabalho. Se o trajeto for parcialmente servido por transporte público, somente o trecho por ele não alcançado é considerado como integrante da jornada. Também deverão ser computadas como de efetivo serviço as horas nos trajetos casa-trabalho e vice-versa, quando existe incompatibilidade entre início ou término da jornada do empregado (altas horas ou na madrugada, por exemplo) e os horários de passagem do transporte público regular. O tempo consumido nesses deslocamentos – sem labor, mas à disposição do empregador – recebe a denominação de horas *"in itinere"*. Quando a soma da jornada normal de trabalho do empregado com as horas de transporte resultar numa jornada superior ao limite legal, o período que extrapolar deverá ser pago como horas extras.

O direito ao pagamento de horas *"in itinere"* foi reconhecido inicialmente em decisões dos tribunais trabalhistas e, em face da repetida jurisprudência em torno do assunto, afinal foi a interpretação consagrada na Súmula n. 90 do TST, que é de 1978, mas sofreu depois alterações e atualizações. Atualmente, desde que a Lei n. 10.243, de 19.6.2001, acrescentou o § 2º ao art. 58 da CLT, a vantagem passou a constar de dispositivo legal, embora alguns itens da Súmula n. 90 ainda seja úteis, tendo em vista certas circunstâncias que ocorrem na prática e que não foram previstas no parágrafo acrescido. Aqui, mais uma vez, somos forçados a admitir que, nas relações trabalhistas de doméstico, será raro o fornecimento de transporte pelo empregador. Contudo, tal circunstância não é de todo improvável.

4.8. CONTROLE DA JORNADA

4.8.1. Considerações preliminares

Cumpre ressaltar, de início, uma observação importante. O § 2º do art. 74 da CLT somente exige o controle da jornada quando existem 10 (dez) ou mais empregados em cada estabelecimento da empresa. Antes de serem regulamentados os benefícios ampliados pela EC-72, chegou-se a pensar que o aludido dispositivo seria aplicável na relação de trabalho doméstico, ficando a *residência* no lugar do *estabelecimento*. Entretanto, depois aprovada a LC/150, verificou que ela, no art. 12, obrigou o registro do horário de trabalho do doméstico, acrescentando que poderá ser efetuado "...*por qualquer meio manual, mecânico ou eletrônico, desde que idôneo*". Os profissionais do Direito, desde então, têm sido "*bombardeados*" com uma série de dúvidas e questionamentos a respeito da forma de exercer esse controle. Curioso que a imprensa até noticiou a existência de um aplicativo a ser instalado em *smartphone*, informando que ele poderia ser baixado no "*Android Market – Google Play*".

Pretendemos emitir, nas linhas a seguir, algumas opiniões e ponderações, mas, de logo, adiantamos que – tendo em vista a complexidade do assunto – não existem por enquanto orientações definitivas e inquestionáveis. O Direito *não é* uma ciência exata. As leis, os outros atos normativos (decretos, portarias etc.) e até a própria Constituição podem ser interpretados de modos diversos. Às vezes parece estranho para os leigos, porém é considerado normalíssimo que juízes e tribunais, examinando casos concretos bem semelhantes, decidam de forma diferente e até conflitante. Denomina-se *jurisprudência* o conjunto de decisões em torno de certos temas. Incumbe aos tribunais superiores – STF – Supremo Tribunal Federal, STJ – Superior Tribunal de Justiça e TST – Tribunal Superior do Trabalho – a delicada missão de procurar unificar as interpretações divergentes e normalmente o fazem aprovando *súmulas*. O TST, antes das súmulas, costuma emitir OJs – orientações jurisprudenciais. As súmulas e OJs ajudam muito os operadores do Direito (magistrados, advogados, membros do Ministério Público, entre outros) na hora de interpretar a legislação, pois ficam sabendo a posição predominante nos tribunais sobre o assunto que lhes interessa no momento.

Em face das considerações acima e como este livro está sendo publicado pouco tempo após mudanças consideráveis na legislação pertinente aos domésticos, concitamos empregadores, empregados e profissionais do Direito a ficarem atentos ao que, nos próximos meses e nos próximos anos, os tribunais – especialmente os Tribunais Regionais do Trabalho e o Tribunal Superior do Trabalho – estarão decidindo a respeito das relações empregatícias domésticas.

Apesar de reconhecer a precocidade em firmar posições em derredor de temas atuais tão candentes, não nos furtaremos a dar algumas orientações com base na experiência vivida. Afinal, o autor desta obra militou na magistratura trabalhista durante 30 (trinta) anos e, mesmo depois de aposentado (abril/2010), nunca abandonou os estudos numa área do conhecimento que sente prazer em cultivar.

4.8.2. *Conveniência do controle escrito*

Desculpem os leitores por termos nos alongado nas preliminares – necessárias, assim entendemos – mas passemos ao que realmente interessa no subitem em exame: controle da jornada. Como visto, a lei *exige* o controle do horário do doméstico por parte do empregador, mesmo que haja um só empregado na residência. De logo, queremos deixar bem clara a nossa opinião de que entendemos ser *recomendável*, após a EC/72, que o patrão obedeça à norma legal e institua um controle escrito, pelas razões que iremos expor adiante.

Quando uma reclamação é proposta na Justiça do Trabalho (o mesmo ocorre, aliás, em outros órgãos do Judiciário), uma das partes envolvidas terá de assumir o que os juristas chamam o *"ônus da prova"*, ou seja, a lei estabelece quem tem o dever de provar certos fatos. O art. 818 da CLT dispõe: *"A prova das alegações incumbe à parte que as fizer"*. Esse dispositivo vem sofrendo críticas por ser muito resumido, tornando-se de difícil interpretação diante das numerosas hipóteses que se apresentam na prática. É comum a utilização do art. 333 do Código de Processo Civil, como fonte subsidiária, que contém uma síntese mais esclarecedora. Ele está assim redigido: *"O ônus da prova incumbe: I – ao autor, quanto ao fato constitutivo de seu direito; II – ao réu, quanto à existência de fato impeditivo, modificativo ou extintivo do direito do autor"*.

Em princípio, portanto, o trabalhador (inclusive, agora, o doméstico) que alega, ao reclamar, ter prestado serviço em horas extras, sem o devido pagamento, *deve provar* esse fato constitutivo. O empregador, por sua vez e ao se defender, *deve provar* que ele *não* trabalhou em serviço extraordinário (fato impeditivo), não prestou o número de horas extras que alega (fato modificativo) ou reconhece que, de fato, houve labor em serviço extra, mas todas as horas foram remuneradas (fato extintivo). A nosso ver, a vantagem do controle de ponto – com a assinatura ou a rubrica diária do empregado – é que o empregador dispõe a seu favor de uma *prova documental* do cumprimento normal da jornada de trabalho pelo obreiro ou do número exato das horas extras efetivamente laboradas, o que facilita comprovar em juízo os fatos impeditivos ou modificativos. Os recibos de pagamento dos serviços extras provam os fatos extintivos.

Ainda sobre registros em controles de ponto, queremos chamar a atenção de que o TST, mediante o item III da Súmula n. 338, entende que não serão válidos como prova – presumindo-se a prática de fraude – os cartões de ponto (ou outro meio de controle) que contenham horários de entrada e saída *uniformes*. Daí a necessidade de alertar o empregado de que ele deve assinalar esses horários com exatidão. Afinal, nenhum trabalhador inicia e termina a jornada sempre na mesma hora. Aliás, a própria lei – § 1º do art. 58 da CLT – admite a variação tolerável de até 5 (cinco) minutos em cada registro, desde que não exceda o limite de 10 (dez) minutos diários.

4.8.3. Não há, em Direito, segurança absoluta

Não queremos vender aos leitores, principalmente aos leigos em Direito, a ilusão de que, adotado o registro de ponto no caso do doméstico (ou de qualquer outro trabalhador), estariam solucionados todos os problemas de controle de jornada, sem nenhum perigo se, por acaso, um empregado desonesto (ou por influência de seu advogado) vier a afirmar, em reclamação trabalhista, que cumpriu jornada extraordinária sem a devida remuneração. No momento em que o empregador apresenta em juízo uma prova documental – o livro de ponto, a folha de ponto ou o controle eletrônico – o ônus de fazer a *contraprova* é do empregado. Ele terá de provar que a assinatura não seria sua ou que teria sido coagido a assinalar horários normais. É claro que não será fácil desincumbir-se dessa tarefa. Daí a utilidade do controle, conforme temos sustentado.

Entretanto, como o Poder Judiciário é constituído de serem humanos – com suas qualidades e seus defeitos, podendo até alguns serem desonestos – não é de estranhar que eventualmente ocorra que um magistrado venha a decidir valorizando mais uma prova testemunhal – às vezes mentirosa – em detrimento da prova documental. Desse modo, mesmo controlando corretamente os horários de trabalho do doméstico, nenhum empregador está livre de *correr riscos*, pois, conforme está afirmado no título deste subitem, não há, em Direito, segurança absoluta.

Férias

5.1. AQUISIÇÃO E CONCESSÃO DO DIREITO

Anualmente, a todo empregado deverá ser concedido um período de férias, sem prejuízo da remuneração normal. Saliente-se que os domésticos fazem jus a férias há longos anos, muito antes, pois, da EC n. 72. Ganharam esse benefício com a Lei n. 5.859, de 11.12.1972, sendo que, na época, a duração era de 20 (vinte) dias úteis, igualando-se aos demais trabalhadores a partir da Lei n. 11.324, de 19.07.2006, embora haja decisões entendendo que o doméstico passou a fazer jus à duração de 30 (trinta) dias corridos a partir da Constituição Federal de 1988. O direito às férias é adquirido no final de cada período de 12 (doze) meses de vigência do contrato de trabalho. É o chamado *período aquisitivo*. O empregador terá o prazo de também 12 (doze) meses – a contar do momento em que as férias se tornaram devidas – para conceder o benefício. Daí ser denominado *período concessório* (ou *concessivo*, com preferem outros). A remuneração das férias deve ser igual à que o empregado receberia se estivesse trabalhando nos dias respectivos, sendo que terá um acréscimo de 1/3 (um terço), vantagem esta criada a partir da CF/88 (art. 7º, XVII). O período das férias poderá ser inferior a 30 (trinta) dias, a depender de certas circunstâncias que serão informadas adiante. Nada impede que sejam acima dessa duração, por liberalidade do empregador ou por força de cláusula integrante de um instrumento normativo (convenção ou acordo coletivos e sentença normativa).

As disposições legais sobre férias do doméstico estão contidas no art. 17 da LC/150, que admite fracionamento das férias em até dois períodos, a critério do empregador, contanto que um deles não seja inferior a 14 (quatorze) dias corridos. Faculta ainda ao empregado que converta 1/3 (um terço) das férias em dinheiro – denominado "*abono pecuniário*" – no valor da remuneração a que teria direito nos dias correspondentes. Para ter direito ao referido abono, o empregado deve requerer o benefício até 30 (trinta) dias antes do término do período aquisitivo. O pagamento do abono deve ser feito juntamente com a remuneração das férias. Deve ficar bem claro que, apesar de ser uma prática não rara, a lei proíbe ao empregado "*vender*" suas férias integrais, ou seja, não se afastar do serviço e perceber salário em dobro relativo ao mês que deveria estar em descanso. No caso de empregado que reside no local de trabalho, é lícito permanecer nele durante as férias.

Na CLT, os dispositivos que tratam das férias se estendem do art. 129 ao art. 153. Como são pouco numerosas as normas contidas na LC/150 sobre o assunto, é conveniente levar ao conhecimento do leitor as principais regras celetistas, uma vez que, certamente, os tribunais trabalhistas vão autorizar sua aplicação aos domésticos. O período das férias será computado como tempo de serviço para todos os efeitos legais. O art. 131 da CLT relaciona as hipóteses em que não devem ser computadas faltas ao serviço com o fim de calcular a duração das férias; tratando-se de uma longa lista, é conveniente o empregador manter em casa um exemplar da famosa Consolidação e fazer a consulta, se achar necessário. A lei também discrimina os casos ocorridos durante o período aquisitivo, que retiram do empregado o direito de gozar férias (ver o subitem 5.3. adiante). A concessão das férias, em época a critério do empregador, será comunicada ao empregado, que dará recibo disso, com *antecedência mínima de 30 dias*, devendo ser efetuado o registro na CTPS. Um modelo desse aviso está no Anexo II (pág. 119). Se não for permitido ao empregado gozar as férias durante o período concessório, a empresa terá de pagar-lhe *em dobro*. O empregado pode recorrer à Justiça do Trabalho para exigir a concessão de férias, se decorrido o prazo legal. A sentença deve fixar a época do gozo das férias e o empregador pagará uma multa de 5% sobre o salário mínimo por cada dia que descumprir a decisão judicial.

5.2. DURAÇÃO

Se, durante o período aquisitivo, o empregado não ultrapassar 5 faltas, justificadas ou não, deverá gozar férias de 30 (trinta) dias corridos. O descanso anual será menor caso ele tenha cometido, no período aquisitivo, maior número de faltas, ou seja:

a) de 6 (seis) a 14 (quatorze) faltas – 24 (vinte e quatro) dias;

b) de 15 (quinze) a 23 (vinte e três) faltas – 18 (dezoito) dias;

c) de 24 (vinte e quatro) a 32 (trinta e duas) faltas – 12 (doze) dias;

d) mais de 32 (trinta e duas) faltas – perde o direito.

Em se tratando de empregado que trabalha sob o regime de tempo parcial, o período de gozo das férias é diferente. O art. 3º da LC/150 fixou a duração de acordo com as horas laboradas na semana, ficando assim:

a) 18 (dezoito) dias de férias, para a duração do trabalho semanal superior a 22 (vinte e duas) horas, até 25 (vinte e cinco) horas;

b) 16 (dezesseis) dias, para a duração do trabalho semanal superior a 20 (vinte) horas, até 22 (vinte e duas) horas;

c) 14 (quatorze) dias, para a duração do trabalho semanal superior a 15 (quinze) horas, até 20 (vinte) horas;

d) 12 (doze) dias, para a duração do trabalho semanal superior a 10 (dez) horas, até 15 (quinze) horas;

e) 10 (dez) dias, para a duração do trabalho semanal superior a 5 (cinco) horas, até 10 (dez) horas;

f) 8 (oito) dias, para a duração do trabalho semanal igual ou inferior a 5 (cinco) horas.

5.3. PERDA DO DIREITO

O art. 133 da CLT relaciona as hipóteses em que ocorre a perda do direito a férias. Tal acontece quando, no curso do período aquisitivo, o empregado (segue a transcrição literal do dispositivo):

I – deixar o emprego e não for readmitido dentro de 60 (sessenta) dias subsequentes à sua saída;

II – permanecer em gozo de licença, com percepção de salários, por mais de 30 (trinta) dias;

III – deixar de trabalhar, com percepção do salário, por mais de 30 (trinta) dias, em virtude de paralisação parcial ou total dos serviços da empresa;

IV – tiver percebido da Previdência Social prestações de acidente do trabalho ou de auxílio-doença por mais de 6 (seis) meses, embora descontínuos.

Como se vê, o inciso III é inaplicável em relação aos domésticos, mas é quase certo que os tribunais trabalhistas, usando mais uma vez o princípio da analogia, vão considerar as demais hipóteses quando se tratar dos trabalhadores do lar. No caso do inciso I, se o retorno ocorrer antes dos 60 (sessenta) dias, tem continuidade a contagem do período aquisitivo. Ultrapassado esse limite, a lei considera que o empregado já gozou um descanso equivalente às férias.

Verificando-se o retorno ao serviço após o cumprimento de um dos períodos a que se referem as hipóteses acima, será reiniciada normalmente a contagem de um novo período aquisitivo.

5.4. FÉRIAS COLETIVAS

A lei – arts. 139 a 141 da CLT – autoriza a concessão de férias coletivas, que poderão ser gozadas em dois períodos anuais, sendo que nenhum deles será inferior a 10 (dez) dias. O empregador terá de fazer comunicação ao Ministério do Trabalho e Emprego, com antecedência mínima de 15 (quinze) dias, remetendo cópia, no mesmo prazo, para o sindicato da categoria respectiva. A participação das férias será feita ao empregado, por escrito e tomando-se recibo, com o máximo de 30 dias de antecedência. Far-se-á ainda o devido registro na Carteira de Trabalho e no Livro de Registro de Empregados. É claro que será rara a possibilidade de ocorrerem férias coletivas de domésticos. Fica aqui a informação sobre o assunto por não ser impossível um milionário conceder esse descanso anual, de uma só vez, a todos os numerosos empregados de sua mansão. Mesmo naquelas residências onde trabalham poucos domésticos nada impede que o empregador, tendo de se ausentar por um tempo, conceda férias coletivas a todos eles.

5.5. REMUNERAÇÃO

Para quem recebe remuneração fixa, não há problemas no cálculo das férias. Será pago o valor devido na data da concessão, com o acréscimo constitucional de 1/3 (um terço). Nos demais casos, procede-se assim: a) *pagamento por tarefa* – toma-se por base a média de produção do período aquisitivo e aplica-se o valor da remuneração da tarefa na data da concessão; b) *jornadas variáveis* – o valor do salário é o da data de concessão, mas se apura antes a média de horas do período aquisitivo; c) *pagamento por porcentagem ou comissão* – será considerada a média percebida pelo empregado nos 12 meses que precederam a concessão das férias. Como se sabe, a esmagadora maioria dos domésticos recebe salário fixo. A informação sobre outras formas de calcular a remuneração das férias está aqui mais por curiosidade, porém não é impossível que venha a ocorrer na prática. Chama-se a atenção de que as gratificações e os adicionais *habituais* por trabalho extra, noturno, insalubre e perigoso se incorporam ao salário e o total obtido servirá de base para o cálculo das férias.

O pagamento da remuneração das férias, bem como do abono, será feito *até 2 (dois) dias antes do início do período de descanso*. Alguns empregados desavisados muitas vezes pensam que, no período de férias, devem receber dois salários. É interessante que os empregadores esclareçam a eles a circunstância de que a concessão de férias não significa o pagamento de dupla remuneração. Por força da lei, a percepção do salário mais 1/3 (um terço), no caso, é antecipada, mas não haverá outro no final do mês de descanso.

5.6. AS FÉRIAS NA RESCISÃO CONTRATUAL

Toda vez que houver rescisão do contrato de trabalho – desde que não se trate de despedida por justa causa – o empregado terá direito à indenização de férias *proporcionais*, tendo, ou não, mais de um ano de serviço. Deve perdê-las, é claro, se cometer falta grave. Assinale-se que o recebimento da remuneração alusiva aos períodos *normais* e *vencidos* de férias independe de como se deu a rescisão. O cálculo das férias proporcionais é feito tomando-se por base a remuneração normal. Obtém-se 1/12 (um doze avos) do valor dessa parcela remuneratória e multiplica-se pelo número de meses trabalhados no ano, sendo que a fração superior a 14 (quatorze) dias é considerada como um mês.

5.7. PRESCRIÇÃO

Com relação a todos os trabalhadores urbanos e rurais, o inciso XXIX do art. 7º da CF/88 dispõe que o direito às férias prescreve (não pode mais ser reclamado) em 5 (cinco) anos na vigência do contrato de trabalho e em 2 (dois) anos a contar da extinção desse mesmo contrato. Curiosamente, a EC-72 não incluiu em seu texto o aludido inciso, o que, a nosso ver, foi um lapso dos parlamentares. Acreditamos que, em futuro próximo, os tribunais trabalhistas vão aplicar, por analogia, a regra geral existente. Saliente-se que, no caso das férias, há uma particularidade. O início da contagem do prazo prescricional se dá a partir do *final do período concessório* e não do final do período aquisitivo.

Chama-se a atenção para uma exceção à citada norma constitucional que perdurou por muitos anos. É que, no tocante à prescrição do direito de reclamar contra o não recolhimento das contribuições do FGTS, o TST, por meio das Súmulas ns. 95 e 362, vinha interpretando que, nesse caso, seria trintenária a prescrição. Todavia, o STF, em recente decisão, considerando inconstitucional o § 5º do art. 23 da Lei n. 8.036, de 11.05.1990 (que regulamenta o FGTS), declarou que os prazos para apresentar aquele tipo de reclamação são os previstos no dispositivo constitucional inicialmente citado.

6

Alteração, Suspensão e Interrupção do Contrato

6.1. LIMITAÇÕES PARA ALTERAR O CONTRATO DE TRABALHO

É de conhecimento geral que a legislação trabalhista tem como característica principal ser protetora do empregado. Esse aspecto fica bem evidente quando tratamos dos temas ora em exame. A regra básica é a de que, por ato unilateral de qualquer das partes, não pode haver alteração no contrato de trabalho. Até aí, nada de mais, pois não teria lógica se a lei permitisse que cada um dos contratantes, sem nenhuma consulta ao outro, pudesse mudar, a seu bel prazer, as condições de início acertadas. O rigor legal encontra-se no art. 468 da CLT, cujo teor vale transcrever:

> *Nos contratos individuais de trabalho só é lícita a alteração das respectivas condições por mútuo consentimento, e ainda assim desde que não resultem, direta ou indiretamente, prejuízos ao empregado, sob pena de nulidade da cláusula infringente desta garantia.*

Como se nota, não basta apenas que ambas as partes estejam de acordo. Mesmo que tenha havido concordância, a cláusula ou condição que sofrer alteração poderá ser declarada nula – por uma decisão da Justiça do Trabalho, acrescentamos – se, da mudança, resultar algum prejuízo para o empregado. Verifiquem agora outra previsão da norma celetista que revela, mais uma vez, o já aludido protecionismo da legislação que rege as relações de trabalho: serão levados em conta os possíveis danos *diretos* causados ao empregado, mas também aqueles *indiretos*. Os estudiosos e intérpretes da lei costumam ir um pouco mais adiante, esclarecendo que se deve entender como prejuízos não só os de ordem econômica, incluindo ainda os que, direta ou indiretamente, causem danos físicos ou morais e cuja repercussão possa ser presente ou futura.

A mesma CLT, logo abaixo do citado art. 468, fez inserir um parágrafo único, contendo a primeira exceção à regra bem rígida contida no *caput*. Considerou lícita a alteração *unilateral,* de iniciativa do empregador, que destitui o empregado de uma função de confiança e determina a reversão para o cargo efetivo que ele antes ocupava. É interessante assinalar que o TST, por meio da Súmula n. 209, admite que, se um empregado permanece na função de confiança por 10 (dez) ou mais anos, o empregador poderá revertê-lo ao cargo efetivo, porém deverão ser mantidas as vantagens salariais que percebia.

Em princípio, segundo o art. 469 da CLT, o empregador está proibido de transferir o empregado sem sua anuência. O dispositivo explica que somente será entendida como transferência aquela que implique mudança do domicílio do empregado. Fica claro, portanto, que a alteração do local de trabalho, quando não obriga o empregado a sair de seu atual domicílio, está dentro dos limites do poder diretivo do empregador. Os três parágrafos do mencionado art. 469 relaciona as exceções à proibição de transferência: a) os que exercem cargos de confiança; b) quando, no contrato, figura a condição, implícita ou explícita, da possibilidade de transferência decorrente da necessidade de serviço; c) na extinção do estabelecimento onde servia o empregado. Saliente que, havendo necessidade do serviço, que fique comprovada, o empregador pode transferir o empregado *temporariamente*, mas pagará mais 25% sobre o salário, além das despesas da transferência. Não raro, aparecem reclamações na Justiça do Trabalho em que empregado reivindica o pagamento do indicado percentual e das despesas e tem seu pedido indeferido. Isso ocorre quando o juiz se convence, em vista da prova produzida pelo empregador, que a transferência se deu de modo *definitivo* e com a concordância do empregado.

Como se observa, a exceção relativa ao cargo de confiança dificilmente vai interessar ao doméstico. Não é, contudo, a nosso ver, algo improvável. Imaginamos, por exemplo, a mansão de um milionário, na qual trabalham numerosos empregados domésticos. Ele pode escolher um que revele qualidades de líder e designá-lo para chefiar os demais como mordomo ou escolher uma governanta para, igualmente, exercer a função de confiança. A futura jurisprudência dos tribunais vai esclarecer se tais funções devem ser consideradas, para efeitos legais, como de efetiva confiança.

Não temos dúvida de que, no geral, as normas celetistas sobre alteração do contrato de trabalho são aplicáveis aos domésticos. Aliás, conforme já foi afirmado no início do Capítulo 2 (pág.23), a LC/150 contém dispositivo expresso – art. 19 – autorizando o uso das normas da CLT como fonte subsidiária, desde que *"observadas as peculiaridades do trabalho doméstico"*. O empregador, por exemplo, não pode forçar que a arrumadeira ou babá passe a trabalhar na cozinha se ela não tem capacidade para tanto. Também é fora de propósito exigir que o motorista cuide do jardim. Constitui ainda alteração irregular determinar que a doméstica passe a residir no local de trabalho (se isso não consta do contrato) ou que acompanhe a família em todas as viagens. Tais determinações arbitrárias podem fazer com que o empregado se sinta indiretamente despedido. Consulte-se, a propósito desse assunto, o subitem 11.5. do Capítulo 11 (pág. 69).

6.2. DIFERENÇAS ENTRE SUSPENSÃO E INTERRUPÇÃO DO CONTRATO

Há várias discussões entre os juristas em torno das distinções entre interrupção e suspensão do contrato de trabalho. Existe, todavia, certo consenso em torno de um critério de mais simples compreensão, que iremos adotar. De acordo com as opiniões mais aceitas, entende-se como de *interrupção* os períodos em que o empregado, apesar de estar afastado do serviço, percebe normalmente sua remuneração e o tempo de afastamento é computado, para efeitos legais, como se fora de efetivo trabalho. Ocorrendo *suspensão* do contrato de trabalho, cessa a obrigação de o empregador pagar salário e, *em geral,* o período do afastamento não é computado no tempo de serviço do empregado. Saliente-se que o vínculo empregatício fica mantido tanto na interrupção como na suspensão. Observe-se que, ao fazer referência à contagem do tempo de serviço na suspensão, fizemos questão de destacar a expressão *"em geral"*. O motivo fica claro ao serem relacionados, a seguir, os casos considerados especiais: a) prestação de serviço militar obrigatório; b) afastamento por acidente do trabalho ou doença profissional; e c) licença da gestante. Nas três hipóteses, o empregador deixa de remunerar o empregado ou a empregada, mas o período em que estiverem afastados *deve ser computado* na contagem do tempo de serviço.

6.3. PRINCIPAIS HIPÓTESES DE INTERRUPÇÃO

A fim de esclarecer melhor quando ocorrem as hipóteses de interrupção – afastamento sem prejuízo da contagem do tempo de serviço e recebimento normal das verbas salariais – listamos, a seguir, os casos mais comuns na prática:

a) doença (primeiros 15 dias do afastamento, exceto no caso do doméstico, cuja licença começa de imediato após a confirmação da enfermidade);

b) suspensão disciplinar (se for anulada);

c) greve (não descontados os dias parados);

d) inquérito para apurar falta grave (com reintegração);

e) licença remunerada;

f) repouso semanal, feriado e férias;

g) encargo público.

6.4. PRINCIPAIS HIPÓTESES DE SUSPENSÃO

Aqui também achamos conveniente, para melhor entender em que consiste a suspensão do contrato – não pagamento das parcelas salariais e, em geral, computável o afastamento como tempo de serviço –, relacionar as principais hipóteses na prática:

a) auxílio-doença (a partir do 16º dia do afastamento, exceto doméstico);

b) suspensão disciplinar (mantida);

c) greve (declarada abusiva e descontados os dias parados);

d) inquérito para apurar falta grave (com readmissão);

e) licença sem remuneração;

f) mandato sindical (com dispensa do trabalho e sem remuneração por parte do empregador);

g) ausências legais (ver abaixo).

São consideradas ausências legais: a) falecimento de parente próximo – 2 dias; b) casamento – 3 dias; c) nascimento de filho – 1 dia (na primeira semana); d) doação voluntária de sangue – 1 dia (cada 12 meses); e) alistamento eleitoral – 2 dias; f) período de provas do vestibular; g) comparecimento a Tribunal.

A Medida Provisória n. 2.164, de 24.08.2001, ao acrescentar o art. 476-A à CLT, criou mais uma hipótese: o contrato de trabalho poderá ficar suspenso de 2 (dois) a 5 (cinco) anos com o objetivo de que o empregado participe de curso ou programa de qualificação profissional, se houver autorização para tanto em acordo coletivo ou convenção coletiva. O empregador pode conceder ajuda compensatória, não tendo natureza salarial. Se despedir o empregado no período da suspensão ou três meses depois, pagará uma multa não inferior a 100% do último salário. Acreditamos que nem tão cedo haverá cursos de qualificação destinados a domésticos, *reconhecidos oficialmente*, embora existam cursos de curta duração promovidos por entidades privadas. Além disso, note-se que é preciso, no caso, haver autorização em instrumento coletivo, o que somente será possível quando forem numerosos e operantes os sindicatos de empregados e empregadores domésticos.

6.5. ESCLARECIMENTOS NECESSÁRIOS

A referência, linhas acima, a exemplos de hipóteses de interrupção e suspensão do contrato de trabalho pode suscitar, em especial ao leitor leigo em Direito, algumas dúvidas, que procuraremos sanar a seguir.

6.5.1. Auxílio-doença

Quando o empregado sofre uma enfermidade que o impede de trabalhar, os primeiros 15 (quinze) dias deverão ser normalmente remunerados pelo empregador, que pode exigir atestado médico de comprovação da doença. Se não ficar recuperado nesse prazo, passará a receber o *auxílio-doença* por parte do INSS, ficando isento o patrão de pagar salário a partir do 16º dia. É óbvio que terá de se submeter a uma perícia médica a cargo do citado órgão oficial. A lei exige o recolhimento, no mínimo, de 12 contribuições previdenciárias mensais para fazer jus a esse benefício. O doméstico, mesmo antes da EC n. 72, já fazia jus ao auxílio-doença. A diferença em relação aos demais trabalhadores é que ele, por força do que dispõe o art. 72 do Decreto n. 3.048, de 08.05.1999, que regulamentou a Previdência Social, tem direito a perceber o benefício com efeito retroativo, ou seja, desde o primeiro dia de afastamento, sendo, portanto, uma hipótese de suspensão do contrato. Atenção – o requerimento para obter o auxílio-doença do doméstico deve ser efetuado no prazo de 30 dias, a contar do afastamento. Se ultrapassado esse prazo, o valor respectivo é pago a partir da data de entrada do pedido. Um aspecto importante a destacar-se é que o empregado também faz jus ao auxílio-doença quando sofre acidente do trabalho. Consulte-se, a propósito, o subitem 9.3.2. do Capítulo 9 (pág. 55).

6.5.2. Poder diretivo do empregador e punições

Como a principal característica da relação de emprego é a subordinação – *jurídica*, explicam os doutrinadores – fica claro que o empregador tem todo o direito de traçar diretrizes, orientar a prestação do serviço, controlar, dar ordens e punir o empregado se este demonstra mau procedimento ou se recusa a obedecer. Denomina-se *poder diretivo* o direito que possuem os empregadores em face dos trabalhadores que estão sob seu comando. Os juristas costumam sustentar que esse poder geral se subdivide em três outros: poder de organização, poder de fiscalização e poder disciplinar. Com base neste último, o empregador está livre para aplicar punições ao empregado que, de fato, merecer. Cumpre assinalar, com ênfase, que tais poderes nunca podem ser exercidos com arbitrariedade ou acima de certos limites fixados pelos princípios da racionalidade e do bom-senso. No geral, a CLT é silente quanto ao grau de penalidades possíveis. Apenas proíbe a suspensão por mais de 30 (trinta) dias, porque, então, seria considerada dispensa. Diante da omissão legal, os juristas costumam orientar no sentido de que a punição deve obedecer a uma gradação de acordo com a gravidade da falta cometida. Sugerem: advertência verbal, advertência escrita, suspensão disciplinar (o número de dias vai depender da gravidade do ato) e despedida por justa causa. O empregado que se considerar injustiçado, inclusive quanto à não observância da gradação, poderá reclamar na Justiça do Trabalho, requerendo a nulidade da pena sofrida ou sua redução. No caso de suspensão disciplinar, se o juiz acolher o pedido, ocorreu a interrupção do contrato e os dias de afastamento deverão ser pagos. Ao contrário, se mantida a punição, seria concretizada a hipótese de suspensão do contrato, não sendo recebidos os salários correspondentes aos dias de afastamento.

6.5.3. Greve

No Brasil, ainda é inédita a greve de domésticos. Caso, no futuro, as organizações sindicais de domésticos se tornem mais numerosas (há ainda poucos sindicatos dessa categoria no nosso país) e promovam um movimento desse tipo, devem ficar informadas de que, uma vez submetida a greve à apreciação da Justiça do Trabalho (pode haver conciliação antes), os dias parados serão pagos (interrupção) ou não (suspensão) a depender do acordo entre as partes conflitantes ou da decisão do Tribunal.

6.5.4. Estabilidade do dirigente sindical

Desde a criação do FGTS, a antiga estabilidade decenal passou a ser apenas assegurada aos que não optassem pelo referido Fundo. Com a CF/88, a possibilidade daquela estabilidade foi definitivamente extinta, restando pouquíssimos casos de direito adquirido. Persistem, contudo, as chamadas estabilidades provisórias, sendo a mais importante delas a que protege o dirigente sindical. Na hipótese de algum cometer falta grave, só poderá ter seu contrato desfeito mediante inquérito judicial. Na sentença, o juiz pode entender que a falta foi realmente cometida e determinar a *resolução do contrato* (termo técnico que significa a extinção do contrato por decisão judicial). O magistrado, porém, pode entender que: a) não houve a alegada falta grave e o empregado deve ser *reintegrado*, recebendo os dias de afastamento (interrupção); ou b) a falta não foi tão grave e ordenar a *readmissão* do empregado, perdendo este a remuneração dos dias em que esteve afastado (suspensão). Pelo país afora já existem sindicatos de trabalhadores domésticos devidamente legalizados, embora em pequeno número. Seus dirigentes, portanto, gozam de estabilidade. O contrato deles somente fica suspenso se derem dedicação total ao sindicato, foram liberados pelos patrões e não receberem salário, o que dificilmente ocorrerá em relação aos domésticos.

6.5.5. Licença remunerada

Não acreditamos que existam tantos empregadores domésticos benignos a ponto de conceder licença remunerada ao empregado. Se, contudo, surgir na prática esse pouco provável caso, temos concretizada a hipótese de interrupção do contrato. Sendo a licença *não* remunerada, seria suspensão do contrato.

6.5.6. Repouso semanal, feriados e férias

A interrupção do contrato em virtude de repouso semanal, feriados, férias e ausências legais dispensa maiores comentários. É evidente que os dias de afastamento, nesses casos, são remunerados.

Proteção ao Trabalho da Mulher e do Menor. Licença-paternidade

7.1. PROTEÇÃO À MULHER

7.1.1. Importância do assunto

Não há dúvida de que, no campo do trabalho doméstico, o predomínio das mulheres é absoluto. Em função disso, aflora a real importância das informações que compõem esta parte do livro. Assinale-se, de logo, que a CLT contém todo um capítulo – Cap. III do Título III – com normas que visam proteger o trabalho da mulher, tendo em vista que ela, além de possuir uma constituição física não preparada para tarefas mais pesadas, sofre limitações nos períodos de gravidez e ainda tem de amamentar seus filhos recém-nascidos.

7.1.2. Proibições

O art. 373-A consolidado prevê uma série de proibições a fim de evitar discriminações contra a mulher ao serem praticados, pelo empregador, os atos de admissão, remuneração, promoção (muito raro no âmbito doméstico) ou despedida. Os empregadores, salvo casos excepcionais, não podem estabelecer restrições, ao efetivarem tais atos, em razão de sexo, idade, cor, situação familiar ou estado de gravidez. São vedadas também as chamadas revistas íntimas, ou seja, a obrigatoriedade, em certos casos, de que a mulher se dispa para verificar se furtou algum objeto ou produto e o conduz por baixo das vestes externas.

7.1.3. Garantias protetoras

A CLT também dedica todo um capítulo – Cap. V do Título II – às normas sobre segurança, higiene e medicina do trabalho, que naturalmente são válidas para pessoas de ambos os sexos, algumas delas exigindo mais rigor com relação às mulheres. É evidente que muitas dessas normas seriam aplicáveis apenas às empresas, porém não será difícil encontrar determinadas regras que deverão ser obedecidas no interior das residências. Poderíamos citar como exemplos as regras a respeito da iluminação do local de trabalho (art. 175), do conforto térmico (arts. 176 a 178), das atividades insalubres e perigosas (arts. 189 a 197), da prevenção da fadiga (arts. 198 e 199), entre outras. Além dos dispositivos mais gerais contidos no documento celetista, ressalte-se que o Ministério do Trabalho e Emprego sempre aprova Portarias e Normas Regulamentadoras (NR), disciplinando, com bastantes detalhes, a observância das indicadas normas.

No caso específico das mulheres, destacam-se, entre as regras contidas na CLT, as seguintes determinações: a) antes do labor em horas extras terá de ser cumprido um descanso mínimo de 15 minutos; b) para amamentar filho até 6 (seis) meses, a mãe empregada tem direito, durante a jornada de trabalho, a dois descansos de meia hora cada; a critério médico e tendo a criança problema de saúde, o período pode ser ampliado; c) estabelecimentos com mais de 30 empregadas (circunstância raríssima no ambiente doméstico) devem ter local apropriado para que as mães possam assistir seus filhos no período de amamentação, exceto se a empresa mantém creche própria ou em convênio, podendo ainda optar por pagar as despesas de uma creche particular, mediante o que se denomina *auxílio-creche*; d) é proibido exigir da mulher serviços em que tenha de empregar força muscular superior a 20 quilos para trabalho contínuo ou 25 quilos para trabalho ocasional.

Vale ressaltar que, ao informarmos a respeito de direitos e garantias da mulher nos subitens anteriores e neste, tomamos por base, como visto, dispositivos constantes da CLT. A LC/150 é parcialmente omissa quanto a esses assuntos, sendo que apenas no art. 25 faz referência à licença-maternidade de 120 (cento e vinte) dias, tema sobre o qual iremos dar maiores informações no subitem seguinte. Acreditamos que os tribunais trabalhistas aplicarão, por analogia, as apontadas normas celetistas à proporção que, no futuro, forem surgindo casos concretos pertinentes.

7.1.4. Licença-maternidade, estabilidade e salário-maternidade

A Constituição Federal assegura a licença-maternidade de 120 (cento e vinte) dias à gestante e sua *estabilidade provisória* desde a confirmação da gravidez até cinco meses após o parto, direito que se estende, desde então, à doméstica. Existem outras normas de proteção à maternidade. Podem ainda gozar a aludida licença as empregadas que adotem ou obtenham a guarda de criança. No caso de aborto *não criminoso,* a empregada faz jus à aludida licença por duas semanas. No passado, a duração da licença variava de acordo com a idade da criança adotada ou que foi colocada sob a guarda da empregada, mas, nesse ponto, a mulher tem direito a um repouso remunerado de duas semanas. Tem gerado polêmica e até decisões judiciais divergentes a expressão *"desde a confirmação da gravidez"*. Para uns, seria a data mais provável do início da gestação, conforme vier a provar o exame feito em laboratório. Para outros, seria a data em que a empregada tomou conhecimento de seu estado gravídico (normalmente no dia em que recebe o exame). Há uma terceira corrente – minoritária e superada, destaque-se – sustentando que a confirmação ocorre no ato de entrega do resultado do exame ao empregador. A primeira interpretação (época provável constante do exame) é a que tem prevalecido.

Ressalte-se que o TST, mediante a Súmula n. 244, fixou três entendimentos importantes a respeito da estabilidade da gestante: a) o desconhecimento, pelo empregador, do estado de gravidez da empregada não afasta o direito desta à estabilidade; b) o emprego está garantido e a gestante será reintegrada se, na época da decisão judicial, ainda estiver em curso o período da estabilidade, mas, tendo este já decorrido, a empregada faz jus apenas aos salários e outros direitos correspondentes ao mesmo período; c) o direito à estabilidade prevalece ainda que a empregada tenha sido contratada por tempo determinado. Segundo o art. 391-A da CLT (acrescentado pela Lei n. 12.812, de 16.5.2013), a estabilidade da gestante está assegurada mesmo que ela tome conhecimento do estado gravídico durante o prazo do aviso-prévio, trabalhado ou indenizado. A LC/150 ratifica essa norma no parágrafo único do indicado art. 25.

Durante o período de duração da *licença* normal – que deve começar entre o 28º dia antes do parto e a ocorrência deste – o pagamento da remuneração respectiva, chamada de *salário-maternidade*, será por conta da Previdência Social (INSS). O valor, no caso da doméstica, é o equivalente ao salário de contribuição (ver art. 28, II, da Lei n. 8.212 pág. 100). O requerimento para ter direito ao benefício deve ser feito com a devida antecedência, sendo que a lei prevê que tal poderá ser feito até o último dia do prazo previsto para o término do salário-maternidade originário. Advirta-se que, se o empregador despedir a empregada grávida, esta poderá reclamar na Justiça do Trabalho, que decidirá no sentido de determinar sua reintegração no emprego, tendo em vista o gozo da estabilidade provisória que lhe é assegurada, conforme referido linhas acima. Se a sentença vier a transitar em julgado depois de expirado o período estável, o juiz deve ordenar que seja pago, a título de indenização, o total dos valores correspondentes aos salários e vantagens a que a empregada teria direito durante o tempo de afastamento por licença-maternidade. Outro ponto importante a destacar é que, se a trabalhadora engravida estando desempregada ou num período em que seu contrato encontra-se suspenso (sem remuneração, pois), a lei mantém seu direito a qualquer benefício previdenciário – inclusive o salário-maternidade – até 12 (doze) meses após a cessação das contribuições.

Registre-se que a Lei n. 11.770, de 09.09.2008, estendeu a licença-maternidade para 180 (cento e oitenta) dias, porém – vale destacar – esse benefício *não* alcança as domésticas, uma vez que é tão somente um direito assegurado às empregadas de pessoas jurídicas, mesmo assim se estas vieram a aderir ao *"Programa Empresa Cidadã"*.

7.2. PROTEÇÃO AO MENOR

7.2.1. Menor não pode ser doméstico

É muito importante frisar, de logo, que, por força do Decreto n. 6.481, de 12.06.2008, que regulamentou alguns artigos da Convenção n. 182 da OIT – Organização Internacional do Trabalho[1] a respeito de trabalho infantil, ficou *proibido* contratar menor de 18 anos para o serviço doméstico. A OIT considera que essa é uma das piores formas de exploração do trabalho do menor. A LC/150 deixou expressa, logo no parágrafo único do art. 1º, essa vedação. Em função disso, seria até desnecessário tratar do assunto neste livro. Todavia, fizemos questão de incluí-lo por entender que deveríamos destacar a referida proibição e também dar breves informações sobre o que, de fato, significa, na acepção jurídica, o termo *aprendiz* (ver subitem 7.2.4. adiante), que muita gente desconhece e o utiliza de modo equivocado, pensando que qualquer menor colocado para trabalhar numa empresa ou numa residência poderia receber tal denominação. Fica, portanto, bastante claro que proceder dessa forma é ilegal. Outro motivo nos levou a tratar do assunto ora em pauta. É que, apesar da expressa proibição, ainda existem muitas pessoas, Brasil afora, que insistem em admitir menores para prestar serviços em residências. Cabe-nos advertir que esse procedimento ilegal pode gerar graves consequências. Um fiscal da Superintendência Regional do Trabalho (antiga Delegacia), por iniciativa própria ou levado por uma denúncia, poderá autuar o chefe da família, que pagará as multas previstas em lei. Caso o menor, naturalmente assistido por seus pais ou responsáveis, apresente reclamação na Justiça do Trabalho, é certo que o juiz condenará o suposto empregador a pagar todas as verbas trabalhistas como se o autor da ação fosse um adulto e ainda (se houver pedido nesse sentido) condenar o reclamado a pagar indenização por danos materiais e morais.

7.2.2. Idades limites

Tanto para o Direito Civil como para o Direito do Trabalho, a maioridade começa aos 18 anos, o que significa que são menores todos os que ainda não completaram essa idade. Há, porém, uma distinção entre os menores. A Constituição Federal, no inciso XXXIII do art. 7º, proíbe, terminantemente, o trabalho para os que têm menos de 14 (quatorze) anos. Aqueles com idade inferior a 16 (dezesseis) anos e mais de 14 (quatorze) apenas podem ser *aprendizes*. Esclareceremos adiante o que caracteriza essa condição. É permitida a contratação de jovens a partir de 16 anos e antes de 18 anos (exceto para doméstico, como visto), desde que seus pais ou responsáveis assinem o contrato e também a rescisão. O menor pode assinar o recibo de salário sem assistência.

7.2.3. Garantias

Mesmo que já tenha ficado esclarecido anteriormente que é vedado contratar menor de 18 (dezoito) anos para trabalhar como doméstico, achamos oportuno dar algumas informações a respeito das garantias no caso daqueles que são admitidos por empresas ou por outros empregadores. O empregado menor não poderá: a) prestar serviço noturno (nas cidades, das 22 às 05h do dia seguinte, e no campo: das 21 às 05h – atividade na lavoura e das 20 às 04h – atividade pecuária); b) trabalhar em locais prejudiciais à sua formação, ao seu desenvolvimento físico, psíquico, moral e social e em horários e locais que não permitam a frequência à escola; c) laborar em ambientes insalubres ou perigosos, bem como em locais ou serviços prejudiciais à sua moralidade. O trabalho na rua ou em atividades artísticas depende da autorização do Juiz da Infância e Juventude.

7.2.4. Aprendiz

Conforme já afirmado, a lei proíbe o trabalho para menores de 16 anos, salvo na condição de *aprendiz*, contanto que este tenha 14 anos ou mais. Como a lei veda o labor do menor de 18 anos na condição de doméstico,

---

[1] A OIT – Organização Internacional do Trabalho, criada em 1919, é vinculada à ONU – Organização das Nações Unidas e tem sede em Genebra – Suíça. Seu objetivo principal consiste em lutar pela melhoria das condições de vida dos trabalhadores do mundo. Para tanto, aprova Convenções e Recomendações, que são adotadas por diversos países.

os esclarecimentos a seguir não teriam, a princípio, maior importância. Nosso propósito ao fazê-los foi apenas o de informar o verdadeiro sentido jurídico do que, na verdade, significa *aprendiz*, denominação que, conforme antecipado linhas atrás, provoca confusão entre os leigos em Direito.

O contrato de aprendizagem, como muitos pensam, não pode ser firmado por qualquer empresa ou empregador e com qualquer menor. Pressupõe a matrícula do beneficiado em escola ou em instituição de ensino técnico--profissional, além do que o contrato terá de ser por escrito e por tempo determinado. Será limitado a dois anos, exceto se o aprendiz for deficiente. Não poderá receber menos do que o salário mínimo/hora, sendo que a jornada não excederá de seis horas, podendo chegar a oito horas se o aprendiz já tiver completado o ensino fundamental e forem destinadas horas à aprendizagem teórica. A idade máxima do aprendiz é de 24 anos, salvo deficientes. Assim, como se verifica, nem sempre somente o menor é submetido à aprendizagem, sendo até possível um adulto manter-se na indicada condição. Toda empresa, cuja atividade demande formação profissional, é obrigada a empregar 5 a 15% de aprendizes em cada estabelecimento e matriculá-los nos Serviços Nacionais de Aprendizagem.

7.3. LICENÇA-PATERNIDADE

A CF/88 também se lembrou dos pais. No inciso XIX do art. 7º, instituiu a licença-paternidade, acrescentando que seria "... *nos termos fixados em lei*". Acompanha nossa Carta Magna – dela fazendo parte integrante – o "*Ato das Disposições Constitucionais Transitórias*", conhecido pela abreviatura ADCT. Consta do § 1º do art. 10 desse texto legal anexado que, até que seja aprovada a lei que venha regulamentar a licença-paternidade, o prazo de sua concessão é de 5 (cinco) dias. Assinale-se que a EC/72 incluiu tal vantagem entre os novos direitos dos domésticos e entrou em vigor de imediato. O período de afastamento do empregado que se tornou pai tem de ser considerado como de *interrupção* do contrato de trabalho (ver Capítulo 6 deste livro), ou seja, o empregador é responsável pelo pagamento dos dias respectivos, que são computados para efeito do tempo de serviço. Como faltam ainda certos aspectos a serem regulamentados para concessão da licença-paternidade, acreditamos que é imprescindível que o interessado comprove ao empregador, mediante certidão de nascimento, que realmente nasceu o filho.

Obrigações Legais e Mensais do Empregador no Curso do Contrato

8.1. PREVIDÊNCIA SOCIAL

É importante recordar – como, aliás, informamos logo no primeiro capítulo (pág. 19) – que a profissão de doméstico foi reconhecida pela Lei n. 5.859, de 11.12.1972, que também incluiu os membros dessa categoria como *segurados obrigatórios* da Previdência Social. Isso significa que, desde então, patrões e empregados devem, todo mês, recolher as contribuições para o INSS. De início, a alíquota era igual (8% sobre o salário) para cada um. A partir da Lei n. 8.212, de 24.07.1991, o empregador passou a recolher 12% (doze por cento), sendo que os 8% (oito por cento) do empregado permaneceram apenas até certo limite da remuneração. No momento em que estamos redigindo este capítulo (junho/2015), o limite máximo do salário que incide a alíquota mínima é de R$ 1.399,12. Entre R$ 1.399,13 e R$ 2.331,88 incide 9% (nove por cento), e entre R$ 2.331,89 e R$ 4.663,75, incidem 11% (onze por cento). Esses valores são atualizados anualmente, em geral na época do reajuste do salário mínimo, devendo o empregador ficar atento quando isso vier a ocorrer. Ressalte-se que a LC/150 reduziu a alíquota para o empregador doméstico, passando a ser de 8% (oito por cento). O recolhimento dessa alíquota menor passa a valer a partir da implantação do "*Simples Doméstico*" (ver subitem 8.4.), mas o prazo de recolher, antecipado para o dia 7 (sete) de cada mês, está em vigor desde julho/2015. A parte do empregado – 8, 9 ou 11% – não sofreu alteração.

Frise-se que a mesma LC, em lugar daqueles 4% (quatro por cento) de redução, acrescentou, às obrigações que cabem ao empregador, mais 3,2% (três vírgula dois por cento) para um fundo especial e mais 0,8% (zero vírgula oito por cento), referente ao *seguro-acidente*. O total dos valores depositados no aludido fundo, depois de atualizados monetariamente, será liberado em favor do empregado, caso ele venha a ser despedido *sem* justa causa ou considerar-se indiretamente dispensado. Nas hipóteses de pedido de demissão ou dispensa *com* justa causa, o total dos depósitos reverte para o empregador. Note-se que o mencionado acréscimo do 3,2% foi criado para evitar que o empregador doméstico, quando despede o empregado sem justa causa, não tenha de desembolsar a multa de 40%, que deve ser paga no caso dos demais empregados, em idêntica circunstância. Maiores detalhes sobre essa liberação encontram-se no Capítulo 11 (pág. 69), no qual são tratados os assuntos relativos à extinção do contrato de trabalho do doméstico.

Também fica a cargo do empregador o recolhimento do *seguro-acidente*. Trata-se de mais uma obrigação criada a partir da EC/72. A alíquota, como visto, é de apenas 0,8% sobre o salário e o empregador deve efetuar o recolhimento por meio de um documento único, sobre o qual informaremos adiante. Os dispositivos legais sobre esse benefício, que agora alcança os domésticos, mas que antes já atingia os demais trabalhadores, encontram-se no art. 22, II, da Lei n. 8.212, de 24.07.1991, combinado com os arts. 57 e 58 da Lei n. 8.213, da mesma data (o texto legal encontra-se no Anexo I, pág. 101). Vale esclarecer que o pagamento desse seguro obrigatório não isenta o empregador da sua responsabilidade pessoal, na hipótese de ocorrer um acidente de trabalho com o empregado, em que haja dolo ou culpa do mesmo empregador.

8.2. FGTS

A obrigatoriedade, por parte do empregador, de sempre recolher os depósitos do FGTS do doméstico somente começou, em tese, a partir da EC/72, promulgada em 02.04.2013 e publicada no dia seguinte. Anteriormente, por força da Lei n. 10.208, de 25.03.2001, que acrescentou o art. 3º-A à Lei n. 5.859, recolher depósitos do FGTS, no caso de doméstico, era facultativo. Havia a particularidade de que, se não fossem efetuados os depósitos, o empregado não poderia receber seguro-desemprego.

Em relação aos empregados em geral, o sistema de recolhimento do FGTS funciona, em resumo, da seguinte forma: a) admitido o empregado, a empresa se obriga a abrir uma conta bancária em nome dele, denominada conta vinculada; b) todo mês deve ser depositada uma quantia equivalente a 8% sobre a remuneração recebida pelo empregado; c) as quantias depositadas no Fundo rendem juros e atualização monetária; d) a liberação dos depósitos está na dependência de ocorrer uma das hipóteses relacionadas na Lei n. 8.036, de 11.5.1990, a respeito das quais informaremos no capítulo que trata da extinção do contrato de trabalho (pág. 69).

Por força da nova LC/150, o recolhimento do FGTS, de referência ao doméstico, passou a ser obrigatório, em conjunto com outras parcelas igualmente obrigatórias, uma vez que foi criado o *Simples Doméstico*. É fora de dúvida que o depósito do FGTS terá de ser recolhido até o 7º (sétimo) dia do mês seguinte ao da competência. Ressalte-se que a mesma LC fixou o prazo de 120 (cento e vinte) dias, a contar da data de sua publicação (2.4.2015), para que seja regulamentado e implantado o *"Simples"*. Em face disso, os recolhimentos da contribuição previdenciária (INSS) e dos depósitos do FGTS (no caso de quem optou, pois era facultativo) continuam, por enquanto, sendo efetuados na forma antiga. Somente a partir de 2 de outubro de 2015 passa a ser obrigatório o uso do documento único a que já fizemos referência e, em consequência, também passam a ser obrigatórias as parcelas cujo recolhimento será feito por meio dele.

8.3. IMPOSTO DE RENDA NA FONTE

O empregado está isento de pagar o imposto de renda até certo limite de seu ganho mensal. Uma vez ultrapassado, o empregador é obrigado a descontar do salário o valor respectivo e a recolhê-lo, o que deverá fazer mediante documento único a que já aludimos em subitens anteriores. No momento em que redigíamos este capítulo do livro (junho/2015), a isenção alcançava os que recebiam até R$ 1.903,98 por mês. A tabela progressiva de incidência do imposto em vigor na época da redação desta obra era a seguinte: salário de R$ 1.903,99 a R$ 2.826,65 – 7,5%, com dedução de R$ 142,80; R$ 2.826,66 a R$ 3.751,05 – 15%, com dedução de R$ 354,80; R$ 3.751,06 a R$ 4.664,68 – 22,5%, com dedução de R$ 636,13; acima de R$ 4.664,68 – 27,5%, com dedução de R$ 868,36. Podem ainda ser deduzidas as parcelas de contribuição à Previdência Social, R$ 189,39 por dependente, pensão alimentícia integral, contribuição à previdência e R$ 1.903,98 dos aposentados com 65 anos ou mais.

8.4. SIMPLES DOMÉSTICO

O recolhimento das contribuições previdenciárias se fazia anteriormente por meio de um carnê ou pela internet. Após a EC n. 72 e de acordo com a regulamentação contida na LC/150, a obrigação deverá ser cumprida, como visto, mediante um documento único de arrecadação. Para tanto, a referida LC determina a criação do *"Simples Doméstico"*, também denominado *"Regime Unificado de Pagamento de Contribuições e Encargos do Empregador Doméstico"*, semelhante ao que já existe com relação às microempresas e às empresas de pequeno porte. É importante salientar que, por meio do indicado documento único, igualmente serão recolhidos os depósitos do FGTS, o seguro-acidente e o imposto de renda retido na fonte. Ressalte-se que a responsabilidade pelos recolhimentos é do empregador, que tem o direito de descontar do salário do empregado o percentual referente à contribuição deste ao INSS – 8, 9 ou 11% –, bem como o IR retido na fonte, cujo percentual depende do valor da remuneração percebida, estando o assunto regulado pela Lei n. 7.713, de 28.12.1988. Na época em que redigíamos este trecho do livro (junho/2015), o IR incidia apenas se o salário fosse igual ou superior a R$ 1.903,99. As alíquotas que incidem sobre valores maiores estão discriminadas no subitem anterior.

A LC/150 dedicou cinco artigos – do 31 ao 35 – para instituir o *Simples Doméstico* e mais três artigos – 36 a 38 – para alterar dispositivos das leis previdenciárias ns. 8.212 e 8.213, ambas de 1991, que fixam as alíquotas das contribuições respectivas, entre outras determinações. Chama-se a atenção de que a regulamentação completa e definitiva dos novos direitos dos domésticos, conforme já esclarecido linhas acima, somente entrará em vigor após decorridos 120 (cento e vinte) dias, a contar da publicação da LC em questão. A mencionada LC/150 estabelece a implementação de diversas providências que demandam tempo, acreditando-se que o prazo é suficiente para que todas elas se tornem realidade antes que expire o citado prazo.

Esta obra foi redigida antes de o *Simples Doméstico* ser instituído e entrar em vigor. Os leitores interessados devem ficar vigilantes e atentos a respeito do modelo oficial do prometido "*documento único de arrecadação*", bem assim conhecer as instruções para o seu correto preenchimento. Como se verá adiante, existem diversas outras medidas a serem tomadas por empregados e empregadores domésticos antes do início dos recolhimentos. Nos parágrafos a seguir, iremos informar sobre detalhes, quanto a isso, que constam da referida LC.

Até o momento em que redigíamos este capítulo (junho/2015) ainda não havia sido expedido o ato conjunto dos Ministros da Fazenda, da Previdência e Assistência Social e do Trabalho e Emprego disciplinando e regulamentando a matéria. Quando aprovado o mencionado ato conjunto, este deverá dispor sobre a apuração, o recolhimento e a distribuição dos recursos recolhidos por meio do Simples Doméstico, observado o art. 21 da LC/150, que trata da inclusão do doméstico no FGTS. Também vai dispor a respeito do sistema eletrônico de registro das obrigações trabalhistas, previdenciárias e fiscais, além do cálculo e do recolhimento dos tributos e encargos trabalhistas vinculados ao sistema.

A inscrição do empregador no Simples Doméstico, bem como a entrada única de dados cadastrais e de informações trabalhistas, previdenciárias e fiscais deverão ser efetuadas por meio de registro em sistema eletrônico a ser disponibilizado em portal na internet, conforme vier a ser estabelecido em regulamento. Por autorização do parágrafo único do art. 32 da LC/150, o Ministério da Fazenda e o agente operador do FGTS irão indicar uma forma alternativa mais simples de recolhimento, na impossibilidade do uso do sistema eletrônico.

Vamos transcrever, a seguir, o que contém o § 2º do art. 33 da LC/150 sobre as informações fornecidas pelo empregador ao sistema eletrônico:

I – têm caráter declaratório, constituindo instrumento hábil e suficiente para a exigência dos tributos e encargos trabalhistas delas resultantes e que não tenham sido recolhidos no prazo consignado para pagamento; e

II – deverão ser fornecidas até o vencimento do prazo para pagamento dos tributos e encargos trabalhistas devidos no Simples Doméstico em cada mês, relativamente aos fatos geradores ocorridos no mês anterior.

Outro parágrafo do art. 33 (§ 3°) dispõe que o sistema eletrônico...

...substituirá, na forma regulamentada pelo ato conjunto previsto no caput, *a obrigatoriedade de entrega de todas as informações, formulários e declarações a que estão sujeitos os empregadores domésticos, inclusive os relativos ao recolhimento do FGTS.*

Vale ressaltar que as contribuições, depósitos e impostos recolhidos por meio do documento único de arrecadação incidem sobre a remuneração paga ou devida no mês anterior, a cada empregado, incluído o 13º salário. Apesar de a contribuição ao INSS da parte do empregado e o imposto de renda na fonte (se for o caso) serem descontados da remuneração paga ou devida ao trabalhador, fique bem claro que a responsabilidade pelo recolhimento é do empregador que, obviamente, também deve recolher as parcelas que lhe cabem. O prazo é até o sétimo dia do mês seguinte ao da competência, sob pena da incidência de encargos legais, incluindo correção monetária e multas. O recolhimento poderá ser efetuado em qualquer uma das instituições financeiras integrantes da rede arrecadadora de receitas federais. O produto da arrecadação das contribuições, depósitos e IR será centralizado na Caixa Econômica Federal, que transferirá para a Conta Única do Tesouro Nacional, exceto os 3,2% do fundo para indenização compensatória da perda do emprego e os depósitos do FGTS.

8.5. SALÁRIO-FAMÍLIA

Assinale-se que aqui está outra vantagem surgida após a EC/72. A previsão legal que já dispunha sobre o salário-família para os demais trabalhadores encontra-se nos arts. 65 a 70 da Lei n. 8.213, de 24.07.1991, e arts. 81 a 92 do Decreto n. 3.048/1999, parte deles alterada pela LC/150. Os respectivos textos legais atualizados encontram-se no Anexo I, pág. 101. O empregado deve receber uma quantia para cada filho menor de 14 anos ou em qualquer idade se for inválido. O enteado e o menor tutelado equiparam-se aos filhos, conforme § 2º do art. 16 da Lei n. 8.213/91. No ato da admissão, o empregado apresentará as certidões de nascimento dos filhos menores e a prova de invalidez (se for o caso). Por força do art. 67 da mesma Lei n. 8.213, os empregados em geral terão de comprovar, todo ano e durante o cumprimento do contrato, o comparecimento dos dependentes à escola e que providenciou aplicar-lhes as vacinas obrigatórias. Ressalte-se que essas duas exigências foram afastadas em relação aos domésticos, pois o art. 37 da LC/150 acrescentou um parágrafo único ao art. 67 da referida lei, isentando-os disso. O valor desse benefício – que não se incorpora ao salário – é sempre reajustado, por meio de Portaria do Ministério da Previdência e Assistência Social, estando atualmente (2015) em R$ 37,18, por dependente, para quem ganha até R$ 723,02 e R$ 24,66 para quem recebe entre R$ 723,03 e R$ 1.089,72. Tais valores, pagos juntamente com o salário, são compensados quando o empregador recolhe a contribuição previdenciária. Apesar da denominação, a vantagem não tem natureza salarial.

8.6. VALE-TRANSPORTE

Trata-se de um benefício criado com a Lei n. 7.418, de 16.12.1985, regulamentada pelo Decreto n. 95.247, de 17.11.1987, e, desde então, alcança os domésticos. O empregador terá de adquirir os vales a empresas de transporte coletivo urbano, cujo valor unitário, com base na tarifa vigente na cidade, pague o deslocamento do empregado no trajeto residência/trabalho e vice-versa. Obriga-se o empregado a informar, por escrito, seu endereço residencial, bem como os serviços e meios de transporte mais adequados ao deslocamento. O empregador tem direito de descontar 6% (seis por cento) sobre o salário, a título de participação do empregado, porém deverá arcar com o restante do custo com a aquisição dos vales. O art. 5º do indicado decreto veda a substituição do vale por antecipação em dinheiro, salvo no caso de falta ou insuficiência dos vales nas empresas fornecedoras, porém o parágrafo único do art. 19 da LC/150 facultou ao empregador doméstico fornecer quantia equivalente em dinheiro no lugar do vale. Saliente-se que o vale-transporte não tem natureza salarial, não se incorpora à remuneração para nenhum efeito, sobre ele não incide o FGTS e não se configura como rendimento tributável.

8.7. CONTRIBUIÇÃO SINDICAL

Tanto o empregador doméstico como o empregado doméstico estão isentos de pagar a contribuição sindical, pois não há previsão legal.

8.8. ARQUIVAMENTO

É da responsabilidade do empregador o arquivamento de todos os documentos comprobatórios do cumprimento das obrigações trabalhistas e previdenciárias, enquanto não prescreverem. Vale lembrar que, no caso do FGTS, os tribunais trabalhistas, durante muitos anos, entendiam que a prescrição para reclamar depósitos não recolhidos seria trintenária. Houve uma reviravolta quando o STF, em decisão proferida em 13.11.2014, interpretou que, na hipótese em apreço, a prescrição é aquela prevista no inciso XXIX do art. 7º da CF/88, ou seja, cinco anos e até o limite de dois anos após a extinção do contrato de trabalho.

8.9. OBRIGAÇÕES EM ATRASO

A LC/150, que regulamentou os novos benefícios dos domésticos, criou uma oportunidade excelente para os empregadores que estão em débito com suas obrigações previdenciárias. Por meio dos arts. 39, 40 e 41, foi criado o REDOM – Programa de Recuperação Previdenciária dos Empregadores Domésticos. Consultem-se os textos desses dispositivos que se encontram transcritos no Anexo I, pág. 87. Foi concedido aos empregadores domésticos o direito de parcelar os débitos com o INSS, tanto deles como de seus empregados, com vencimento até 30.04.2013, inclusive os inscritos na dívida ativa. Poderão ser pagos em 120 (cento e vinte) vezes, com a prestação mínima de R$ 100,00. O REDOM oferece a redução de 100% das multas, 60% dos juros de mora e 100% dos valores dos encargos legais e advocatícios. O prazo para requerer o parcelamento é de 120 (cento e vinte) dias, a contar da data de entrada em vigor da LC/150 (2.5.2015). Há ainda algumas condições a serem observadas, como se verá adiante.

Estão previstas punições para quem venha a atrasar, de modo injustificado, três parcelas, implicando, após comunicação ao sujeito passivo, a imediata rescisão do parcelamento e, conforme o caso, o prosseguimento da cobrança.

No caso de rescisão do parcelamento, com o cancelamento dos benefícios concedidos, a LC/150 prevê as seguintes consequências:

I – será efetuada a apuração do valor original do débito, com a incidência dos acréscimos legais, até a data de rescisão;

II – serão deduzidas do valor referido no inciso I deste parágrafo as parcelas pagas, com a incidência dos acréscimos legais, até a data de rescisão.

Quando o empregador doméstico faz opção pelo REDOM, fica ciente de que terá de se sujeitar ao que determina a indicada LC:

I – confissão irrevogável e irretratável dos débitos referidos no art. 40;

II – aceitação plena e irretratável de todas as condições estabelecidas;

III – pagamento regular das parcelas do débito consolidado, assim como das contribuições com vencimento posterior a 30 de abril de 2013.

Esclareça-se que o art. 40 da LC/150 se refere aos arts. 20 e 24 da Lei n. 8.212 que são justamente os que dispõem sobre as contribuições previdenciárias do empregado e do empregador.

9

DEVERES E DIREITOS DOS EMPREGADOS DOMÉSTICOS

9.1. INTRODUÇÃO

Os estudiosos costumam sustentar que, do ponto de vista da terminologia jurídica, existiria uma diferença entre *obrigação* e *dever*. Como este livro se destina também a leigos em Direito, entendemos que não cabe aqui fazer divagações em torno dessa possível sutil distinção. Vamos utilizar as palavras como se fossem sinônimas. Há certo consenso em admitir que ambas significam a sujeição ou a submissão a uma exigência legítima ou à necessidade de agir conforme a norma legal. Vale antecipar os dois principais deveres a serem observados pelas partes que celebram um contrato de trabalho, obviamente incluído o contrato do doméstico: a) o empregado tem o dever (ou se obriga) de prestar, pessoalmente, os serviços para os quais se comprometeu; b) o empregador deve (ou fica obrigado) remunerar o empregado como contraprestação por serem executados esses mesmos serviços.

9.2. DEVERES DOS EMPREGADOS

Já assinalamos, logo no início do capítulo, que o primeiro dever do empregado é prestar os serviços para os quais fora contratado. Na execução, terá de fazê-lo com *diligência*, significando que, no desempenho das tarefas que lhe foram confiadas, precisa demonstrar claramente que trabalha observando o interesse, o zelo e o cuidado necessários. Como se verá no Capítulo 11 (p. 69), a *desídia* – considerada como tal a forma negligente, desinteressada ou irresponsável de proceder (falta injustificada ao serviço, chegar atrasado ou sair mais cedo, por exemplo) – é uma das hipóteses que justificam a despedida por justa causa.

O *respeito* a todo ser humano é um dever obrigatório a ser observado por qualquer cidadão, notadamente em relação àqueles que, na condição de empregados, prestam serviços estando subordinados a outrem ou a uma empresa. A atitude de respeito não se restringe aos superiores hierárquicos. Estende-se, igualmente, aos colegas de trabalho, clientes do empregador e terceiros em geral. No ambiente do lar, os domésticos devem manter conduta respeitosa não só para com os familiares e residentes, mas também com eventuais hóspedes ou visitantes. Os procedimentos que venham a contrariar esse dever podem gerar punições ao infrator e, a depender da gravidade, provocar sua despedida com justa causa. Consulte-se o Capítulo 11 que trata desse assunto (p. 69)

Quanto à *lealdade,* é claro que se trata de uma exigência a ser cumprida por ambas as partes que firmam um contrato. Da mesma forma que se exige do empregador, constitui obrigação do empregado exercer sua função seguindo, de modo rígido, os compromissos assumidos verbalmente no ato da admissão ou que constam do contrato escrito. Desvios como *"ato de improbidade"*, *"incontinência de conduta"* e *"mau procedimento"* estão previstos no art. 482 da CLT e também pelo art. 27 da LC/150, sendo motivos para a dispensa com justa causa.

No tocante à *fidelidade*, vale lembrar que a palavra deriva do adjetivo *fiel*, que significa aquele que é digno de fé, que cumpre o que prometeu. Em resumo, podemos afirmar que fidelidade é nunca trair a confiança. O Código Civil, no art. 422, contém uma norma que, a nosso ver, serve de premissa básica e obrigatória para todos que celebram qualquer tipo de contrato: *"Os contratantes são obrigados a guardar, assim na conclusão do contrato, como em sua execução, os princípios de probidade e boa-fé"*. O empregado comete traição e, em consequência perde a confiança do patrão, quando pratica atos desonestos e prejudiciais, principalmente se os comete às escondidas. Como exemplo, no recesso das residências, podemos citar o(a) cozinheiro(a) ou outro empregado doméstico que subtrai alimentos e os leva para casa.

9.3. DIREITOS DOS EMPREGADOS

9.3.1. Direitos previstos na CF/88

Conforme já dito em outras passagens deste livro, a legislação trabalhista tem como uma de suas características – por razões históricas e culturais que não vem ao caso abordar neste pequeno estudo – a de ser *protecionista do empregado*. Em face disso, são bem numerosas as normas que criaram direitos de proteção aos trabalhadores brasileiros. Basta dizer que a Constituição Federal contém nada menos de 34 (trinta e quatro) incisos no seu art. 7º prevendo vários direitos e ainda acrescentou um parágrafo único com aqueles referentes aos domésticos, ampliados em abril/2013 pela EC/72.

Diante da quantidade de direitos do empregado, entendemos que conseguimos esclarecer a grande maioria deles nos diversos capítulos desta obra. De forma bem resumida, não custa relembrar os principais direitos assegurados na CF/88, colocando-se na frente o número do inciso conforme o texto constitucional do art. 7º:

a) Antes da EC/72:

IV – salário mínimo, fixado em lei, nacionalmente unificado, capaz de atender a suas necessidades vitais básicas e às de sua família com moradia, alimentação, educação, saúde, lazer, vestuário, higiene, transporte e previdência social, com reajustes periódicos que lhe preservem o poder aquisitivo, sendo vetada sua vinculação para qualquer fim;

VI – irredutibilidade do salário, salvo o disposto em convenção ou acordo coletivo;

VIII – décimo terceiro salário com base na remuneração integral ou no valor da aposentadoria;

XV – repouso semanal remunerado, preferencialmente aos domingos;

XVII – gozo de férias anuais remuneradas com, no mínimo, um terço a mais do que o salário normal;

XVIII – licença à gestante, sem prejuízo do emprego e do salário, com a duração de cento e vinte dias;

XIX – licença-paternidade nos termos fixados em lei;

XXI – aviso-prévio proporcional ao tempo de serviço, sendo no mínimo de trinta dias, nos termos da lei;

XXIV – aposentadoria;

b) Depois da EC-72:

I – relação de emprego protegida contra despedida arbitrária ou sem justa causa, nos termos de lei complementar, que preverá indenização compensatória, dentre outros direitos (a lei complementar ainda não foi aprovada);

II – seguro-desemprego, em caso de desemprego involuntário;

III – fundo de garantia do tempo de serviço;

VII – garantia de salário, nunca inferior ao mínimo, para os que percebem remuneração variável (hipótese muito improvável em relação aos domésticos);

IX – remuneração do trabalho noturno superior ao diurno;

X – proteção do salário na forma da lei, constituindo crime sua retenção dolosa;

XII – salário-família pago em razão do dependente do trabalhador de baixa renda nos termos da lei;

XIII – duração do trabalho normal não superior a oito horas diárias e quarenta e quatro semanais, facultada a compensação de horários e a redução da jornada, mediante acordo ou convenção coletiva de trabalho;

XVI – remuneração do serviço extraordinário superior, no mínimo, em cinquenta por cento à do normal;

XXII – redução dos riscos inerentes ao trabalho, por meio de normas de saúde, higiene e segurança;

XXV – assistência gratuita aos filhos e dependentes desde o nascimento até 5 (cinco) anos de idade em creches e pré-escolas;

XXVI – reconhecimento de convenções e acordos coletivos de trabalho;

XVIII – seguro contra acidentes de trabalho, a cargo do empregador, sem excluir a indenização a que este está obrigado, quando incorrer em dolo ou culpa;

XXX – proibição de diferença de salário, de exercício de funções e de critério de admissão por motivo de sexo, idade, cor ou estado civil;

XXXI – proibição de qualquer discriminação no tocante a salário e critérios de admissão do trabalhador portador de deficiência;

XXXIII – proibição de trabalho noturno, perigoso ou insalubre a menores de 18 (dezoito) anos e de qualquer trabalho a menores de 16 (dezesseis) anos, salvo na condição de aprendiz, a partir de 14 (quatorze) anos.

Conforme já antecipamos no Capítulo 1 (pág.19), alguns dos direitos estabelecidos pela EC/72 estão na dependência de uma regulamentação – que será aprovada até 2 de outubro de 2015 – para enfim entrarem em vigor. Vale repetir:

a) depósitos obrigatórios do FGTS;

b) seguro-desemprego;

c) remuneração do trabalho noturno;

d) salário-família;

e) assistência gratuita aos filhos e dependentes desde o nascimento até 5 (cinco) anos em creches e pré-escolas;

f) seguro contra acidente do trabalho.

Ressalte-se que o direito a *"uma relação de emprego protegida contra despedida arbitrária ou sem justa causa, nos temos de lei complementar, que preverá indenização compensatória, dentre outros direitos"*, previsto no inciso I do art. 7º da CF/88 e que agora alcança os domésticos, nunca foi regulamentado, o que atinge *todos* os empregados do país.

9.3.2. Direitos previdenciários

Os direitos sobre os quais faremos menção neste subitem são os que ficam a cargo da Previdência Social, por intermédio do conhecido INSS, e custeados com os recursos provenientes dos recolhimentos das contribuições previdenciárias, que foi objeto de nossa análise no Capítulo 8 (p. 49).

Na parte em que tratamos da proteção ao trabalho da mulher (p. 45), fizemos referência à licença-maternidade, que beneficia a empregada que vai ser mãe e até aquela que adota uma criança ou a recebe para ficar sob sua guarda. Durante o tempo de duração da licença, de 120 dias, a segurada percebe o denominado *salário-maternidade*, ficando o empregador isento de pagar a remuneração dela no período correspondente, pois a responsabilidade passa a ser do INSS. Em caso de aborto não criminoso, como já vimos, a mulher tem o direito de permanecer de licença por duas semanas, também recebendo pelo órgão federal da previdência social. O requerimento solicitando essa vantagem poderá ser feito a uma das APS – Agências de Previdência Social ou pela internet, no *site* <www.previdênciasocial.gov.br>. Documentos necessários: atestado médico comprovando a gestação, CTPS e prova dos recolhimentos previdenciários.

Os domésticos de ambos os sexos fazem jus ainda aos seguintes direitos previdenciários:

Auxílio-doença – Tratamos desse assunto no capítulo dedicado a examinar a interrupção e suspensão do contrato de trabalho (p. 41). Na oportunidade, informamos que os empregadores devem continuar pagando os salários nos primeiros 15 (quinze) dias de afastamento por causa da enfermidade, ficando a cargo do INSS a partir do 16º (décimo sexto) dia. Acrescentamos que, no tocante aos domésticos, existe a particularidade de que eles percebem o auxílio-doença retroativamente desde o primeiro dia de ausência por força da enfermidade, se o requerimento foi efetuado no prazo de 30 dias, a contar do afastamento. Se ultrapassado esse prazo, o valor respectivo é pago a partir da data de entrada do pedido. A lei exige o recolhimento de, no mínimo, 12 contribuições mensais para fazer jus a esse benefício, o que é chamado de período de carência.

Um aspecto importante a destacar-se é que o empregado também faz jus ao auxílio-doença quando sofre acidente do trabalho. De acordo com a Lei n. 8.213/91, equipara-se a esse tipo de acidente: a) *doença profissional* – produzida ou desencadeada pelo exercício do trabalho peculiar a determinada atividade e constante da respectiva relação elaborada pelo MTE; b) *doença do trabalho* – adquirida ou desencadeada em função de condições especiais em que o trabalho é realizado e com ele se relacione diretamente, devendo constar da mesma relação antes referida. A citada lei discrimina outras hipóteses de situações que, de igual modo, se equiparam ao acidente do trabalho. Tratando-se de extensa lista e sendo várias delas improváveis de ocorrer no âmbito doméstico, deixamos de relacionar aqui. Refere-se ainda a lei em questão a certas doenças que não podem ser equiparadas ao acidente do trabalho: a) doença degenerativa; b) inerente a grupo etário; c) que não produza incapacidade laborativa; d) doença endêmica adquirida por segurado habitante de região em que ela se desenvolva, salvo se resultante de exposição ou contato direto por força da natureza do trabalho. Entendemos que, diante dos limites deste livro, cuja proposta é fornecer informações *básicas* da nova legislação pertinente ao doméstico, seria inoportuno e até bastante cansativo para o leitor tecermos detalhadas considerações sobre as numerosas normas legais existentes em torno do assunto. A prática demonstra que a quantidade de ocorrências de acidentes do trabalho no recesso dos lares é muito menor do que a que acontece nas empresas. Se, por infelicidade, algum empregado ou empregador doméstico que adquiriu esta obra vir-se envolvido em uma das diversas espécies de acidente do trabalho, recomendamos – após as providências urgentes iniciais – a leitura das indicadas normas, devidamente atualizadas conforme a LC/150, que se encontram transcritas no Anexo I do livro, pág. 87. Permanecendo dúvidas, sugerimos procurar um advogado.

Chama-se a atenção para um importante direito que possui o empregado quanto sofre acidente do trabalho e permanece recebendo auxílio-doença. Depois que ele obtém a alta e volta ao serviço, passa a gozar de uma estabilidade provisória durante os 12 (doze) meses seguintes. Isso significa que não pode ser despedido nesse período, exceto se vier a cometer alguma falta grave que se enquadre numa das hipóteses de justa causa para dispensa, previstas no art. 27 da LC/150 (ver subitem 11.4. do Capítulo 11 – pág. 69) .

Aposentadoria – Trata-se de um direito que beneficia o doméstico desde a Lei n. 5.859, de 11.12.1972 e, como visto, confirmado pelo inciso XXIV do art. 7º da CF/88. Existem as seguintes espécies de aposentadoria: a) *por idade* – o segurado homem deve ter completado 65 anos e a segurada mulher, 60 anos, sendo que ambos terão de provar que recolheram, no mínimo, 180 contribuições previdenciárias mensais, dependendo ainda de ser obedecido o chamado "*fator previdenciário*"[1] com o objetivo de fixar o valor da aposentadoria; b) *por tempo de contribuição* – a exigência

---

(1) As normas que regulam o fator previdenciário são bem complexas e, por isso, diante das limitações deste livro, não iremos fornecer informações detalhadas sobre o assunto. Decidindo um doméstico aposentar-se por idade, é aconselhável que procure um fiscal ou funcionário do INSS para obter esclarecimentos. Frustrada essa tentativa inicial, deve consultar um advogado, de preferência especializado em Direito Previdenciário. Vale lembrar que o Congresso Nacional tentou mudar as regras do referido fator, mas a presidente Dilma, recentemente (junho/2015) vetou a pretensão, aprovando uma nova Medida Provisória, com vistas a suavizar a rigidez atual da lei.

é que o homem tenha contribuído durante 35 anos e a mulher, 30 anos; c) *por invalidez* – o segurado, além de ser obrigado a submeter-se a um exame médico-pericial por parte do INSS a fim de provar sua alegada incapacidade, terá ainda de observar as exigências do mínimo de 12 contribuições mensais e do prazo de 30 dias para apresentar o requerimento, sob pena de não receber os valores respectivos desde o primeiro dia de afastamento, e sim, desde a entrada do pedido. Há ainda uma quarta espécie de aposentadoria – a *especial* – que provavelmente não será aplicável ao doméstico, pois exige o trabalho em severas condições que, por longo período (que varia de 15 a 25 anos), prejudiquem a saúde ou a integridade física do trabalhador. As regras sobre as aposentadorias constam dos artigos 42 a 57 da mesma Lei n. 8.213 e estão igualmente transcritos no Anexo I, pág. 101.

Auxílio-acidente – Trata-se de uma indenização – que não se confunde com o auxílio-doença acidentário, ressalte-se – prevista no art. 86 da Lei n. 8.213 (Ver Anexo I – pág. 101), que é paga pelo INSS ao empregado após a consolidação das lesões decorrentes de acidente de qualquer natureza que vierem a ter como consequência certas sequelas que impliquem redução da capacidade para o trabalho habitualmente exercido. Passa a ser devida a partir do dia seguinte ao da cessação do auxílio-doença. O valor da vantagem equivale a 50% (cinquenta por cento) do salário de benefício e será devida até a véspera do início de qualquer aposentadoria ou até a data do óbito do segurado.

Auxílio-reclusão – Se ocorrer a infelicidade de o doméstico (ou qualquer outro trabalhador) ser preso, seus dependentes terão direito a receber esse benefício. É preciso que fique demonstrado que o empregado não recebe nenhuma remuneração do empregador, não está em gozo de auxílio-doença e não percebe aposentadoria ou abono de permanência (Ver art. 80 da Lei n. 8.213, Anexo I, pág. 101).

Pensão por morte – Os dependentes do empregado que falece – cujos nomes já devem ter sido declarados ao INSS – recebem a pensão a partir da data do óbito. Não importa se o empregado estava em atividade ou aposentado. Segundo a Lei n. 13.134, de 16.6.2015, que resultou da conversão da Medida Provisória n. 665, somente pode ser concedido o benefício se foram recolhidas, no mínimo, as contribuições previdenciárias referentes a 18 (dezoito) meses, sendo que o viúvo ou a viúva deve provar que o casamento ou a união estável teve duração mínima de 2 (dois) anos. Apenas receberão o benefício de forma vitalícia os que contarem 44 (quarenta e quatro) anos de idade ou mais.

Abono anual – Durante o tempo em que estiver recebendo qualquer um dos benefícios relacionados acima, todo empregado (inclusive o doméstico) faz jus a um abono anual, que é o equivalente ao 13º salário e calculado da mesma forma que este. Há necessidade de que o empregado tenha prestado serviços, ao menos, durante 30 (trinta) dias no ano-base e esteja cadastrado, ao menos, por 5 (cinco) anos no Fundo de Participação, PIS-Pasep ou no Cadastro Nacional do Trabalhador. Recentemente, houve a tentativa de mudar o limite mínimo de 30 dias, por meio de Medida Provisória, porém não chegou a ter aprovação.

9.3.3. Direitos implícitos

Optamos por acrescentar, no subitem ora em exame, algumas breves observações que dizem respeito a certos direitos que estariam implícitos em determinadas normas ou que resultam da aplicabilidade dos princípios da racionalidade e do bom-senso.

O primeiro direito que tem todo empregado é o de receber a remuneração correspondente aos serviços prestados, com a formalidade e as exigências previstas em lei. No curso do contrato, o doméstico pode até sentir-se indiretamente despedido se, por acaso, concretizar-se uma das hipóteses contidas no parágrafo único do art. 27 da LC/150, que repete, com poucas alterações, o disposto no art. 483 da CLT, assunto esse que será enfocado no Capítulo 11 (pág.69). Esses são direitos, como já visto, que têm previsão legal. Note-se que, no inciso I do citado parágrafo, ficou estabelecido que o empregador não pode exigir do empregado *"serviços superiores às forças do empregado doméstico, defesos por lei, contrários aos bons costumes, ou alheios ao contrato"*. À primeira vista, parece que a limitação se refere à força *física*. Esclareça-se que, no uso da expressão, está implícito um princípio básico a ser observado pelo empregador, ou seja, o de que ele não pode exigir do empregado a execução de tarefas estranhas ou que fogem à qualificação e à capacidade – tanto física como *intelectual*, destaque-se – do trabalhador.

A cozinheira não pode ser deslocada para cuidar de idoso sem ter recebido treinamento voltado para tanto, como o caseiro não pode passar a motorista se não tem habilitação.

Outra observação importante a ser salientada é a de que a expressão *"contrários aos bons costumes"* deixa implícito um dever do empregador de respeitar o empregado como ser humano. Nesse ponto, vale chamar a atenção de que, nos últimos tempos, em especial depois do Código Civil de 2002 e da Emenda Constitucional n. 45/2004 que ampliou a competência da Justiça do Trabalho, ganharam maior notoriedade as questões relacionadas com os denominados *assédio sexual* e *assédio moral*. É evidente que as empregadas sofrem muito mais no caso do primeiro. Acaso o doméstico seja vítima do patrão ou de outro morador da casa, não só podem se sentir indiretamente despedidas, como ainda têm todo o direito de reivindicar, em reclamação trabalhista, indenização por danos morais. A seguir, vamos tentar definir e distinguir as duas espécies de assédio.

Assédio sexual é aquela reprovável e insistente conduta de um superior, ou de pessoa que convive no ambiente de trabalho, na tentativa de seduzir outrem (em geral, mulher), com o propósito de que lhe ceda na prática de ato sexual, embora encontre firme resistência. O assédio moral, por sua vez, é a conduta abusiva, também insistente, que se configura por comportamentos, palavras, atos, gestos ou escritos, cuja prática provoca danos à personalidade, à dignidade ou à integridade física ou psíquica de alguém, do sexo masculino ou feminino.

9.4. DEVERES E DIREITOS QUE DECORREM DE NEGOCIAÇÃO COLETIVA

Antes de entrar diretamente no assunto deste subitem, é preciso deixar bem esclarecido que os instrumentos que resultam de uma negociação coletiva tanto criam deveres e direitos para o empregado como para o empregador.

Note-se que, na nova redação que passou a ter o parágrafo único do art. 7º da CF/88, após a EC/72, aparece o inciso XXVI como aplicável ao doméstico, o qual dispõe: *"reconhecimento das convenções e acordos coletivos"*. É importante, de início, estabelecer a diferença entre esses dois institutos jurídicos. As definições legais, contidas no art. 611 da CLT e seu parágrafo primeiro, são esclarecedoras e vale a pena transcrevê-las:

Art. 611 – Convenção Coletiva de Trabalho é o acordo de caráter normativo, pelo qual dois ou mais Sindicatos representativos de categorias econômicas e profissionais estipulam condições de trabalho aplicáveis, no âmbito das respectivas representações, às relações individuais de trabalho.

§ 1º – É facultado aos Sindicatos representativos de categorias profissionais celebrar Acordos Coletivos com uma ou mais empresas da correspondente categoria econômica, que estipulem condições de trabalho, aplicáveis no âmbito da empresa ou das empresas acordantes às respectivas relações de trabalho.

Em outras palavras, a lei exige, nas *convenções coletivas*, que haja pelo menos um sindicato em cada um dos polos do pacto a ser firmado, figurando o(s) representativo(s) dos empregadores de um lado (a norma celetista se refere a *"categorias econômicas"*) e, do outro lado, o(s) representativo(s) dos trabalhadores (*"categorias profissionais"*, segundo a mesma norma). No que concerne ao *acordo coletivo*, a exigência é a de que, num dos polos, esteja *sempre* um, ou mais de um, sindicato(s) que represente(m) trabalhadores, enquanto que, no outro, pode figurar uma ou mais empresas. Frise-se que ambas resultam de *negociações coletivas*, que são tratativas *diretas* – sem interferência do Poder Judiciário, portanto – entre sindicatos ou entre sindicato(s) dos trabalhadores e empresa(s), podendo haver a ajuda ou a assessoria de mediadores do Ministério do Trabalho e Emprego.

Feita a distinção, fica bastante claro que, na prática, não será fácil a celebração de acordos coletivos em se tratando de relações de trabalho doméstico. Observe-se que o parágrafo primeiro do citado art. 611 da CLT faz referência expressa ao fato de que *"uma ou mais empresas"* deve(m) aparecer num dos lados do acordo. Ainda que haja muito boa vontade de um sindicato de empregados domésticos, será muito difícil (ou quase impossível, segundo alguns) conseguir firmar um acordo direto com um, com alguns ou com milhares de donos ou donas de casa empregadores.

Diante das notícias de que já estão sendo criados em todo o país – por influência dos novos benefícios instituídos pela EC/72 – vários sindicatos, principalmente de *empregados* domésticos, fica evidente que aumentam as possibilidades de, no futuro, serem assinadas convenções coletivas, desde que sejam também criados os sindicatos de *empregadores* domésticos. Podemos adiantar que, nesse tipo de pacto coletivo, são estabelecidas vantagens e condições de trabalho favoráveis aos trabalhadores, bem como – é claro – *obrigações* a serem observadas por todos os que firmaram a convenção, de ambos os lados. Obviamente, nenhuma cláusula pode contrariar qualquer dispositivo legal, em especial a CLT e leis complementares. Nada impede, contudo, a concessão de benefícios a mais ou além daqueles já previstos em normas legais. Como exemplos, podemos citar que não é válido fixar férias em período inferior a 30 dias (quando o número de faltas ao serviço é de até cinco), mas pode ser superior a esse limite. A jornada de trabalho máxima diária não pode ultrapassar 8 (oito) horas, porém nada obsta reduzi-la ou compensá-las em cláusula convencional.

Tendo em vista que vai demorar algum tempo até que surjam as primeiras convenções coletivas – mesmo porque, como visto, será difícil criar os imprescindíveis sindicatos de *empregadores* domésticos[2] – não iremos, neste pequeno livro de informações básicas, nos alongar em detalhes sobre as normas que regulamentam a celebração de convenções coletivas. Bastar levar ao conhecimento dos leitores que, na CLT, o assunto é longamente tratado nos arts. 611 a 625, que compõem o Titulo VI.

---

(2) Rodolfo Pamplona Filho e Marco Antonio César Villatore, no livro *Direito do Trabalho Doméstico* (4ª ed. São Paulo: LTr, 2011) sustentam a impossibilidade de criação desses sindicatos de empregadores, porém a realidade tem demonstrado que a posição deles não vem se confirmando, pois há notícias de criação de sindicatos patronais em grandes centros urbanos como a capital paulista.

Deveres e Direitos dos Empregadores Domésticos

10.1. INTRODUÇÃO

Valem, aqui também, as observações que fizemos no subitem "Introdução" do Capítulo anterior a respeito da diferença entre *obrigação* e *dever*. Importante, ainda, antecipar e repetir os dois principais deveres a serem observados pelas partes que celebram um contrato de trabalho, em especial o contrato que firmam os participantes de uma relação jurídica com vistas ao trabalho doméstico: a) o empregado tem o dever (ou se obriga) de prestar, pessoalmente, os serviços para os quais se comprometeu; b) o empregador deve (ou fica obrigado) remunerar o empregado como contraprestação por serem executados esses mesmos serviços.

10.2. DEVERES DOS EMPREGADORES

10.2.1. Deveres implícitos na legislação

Como visto, o Capítulo 8 (pág.49) relaciona as obrigações mensais – e claramente previstas na legislação – a cargo do empregador. Apesar de a lei não listar, expressamente, todos os deveres que cabem aos patrões domésticos, é possível deduzir grande parte deles pela leitura de vários dispositivos contidos na CLT e em legislações complementares, como também pela aplicação lógica dos consagrados princípios da racionalidade e do bom-senso.

Em primeiro lugar, é muito importante que o empregador doméstico leia com atenção o parágrafo único do art. 27 da LC/150, que discrimina as hipóteses em que o empregado, em face de alguns atos do empregador, pode considerar-se indiretamente despedido. É evidente que se inclui entre os deveres do patrão *não praticar* os apontados atos. Trata-se de um assunto que enfocamos no Capítulo 11 (pág.69), mas é conveniente antecipar tais hipóteses, transcrevendo o que consta do indicado artigo da LC:

Parágrafo único. O contrato de trabalho poderá ser rescindido por culpa do empregador quando:

I – o empregador exigir serviços superiores às forças do empregado doméstico, defesos por lei, contrários aos bons costumes ou alheios ao contrato;

II – o empregado doméstico for tratado pelo empregador ou por sua família com rigor excessivo ou de forma degradante;

III – o empregado doméstico correr perigo manifesto de mal considerável;

IV – o empregador não cumprir as obrigações do contrato;

V – o empregador ou sua família praticar, contra o empregado doméstico ou pessoas de sua família, ato lesivo à honra e à boa fama;

VI – o empregador ou sua família ofender o empregado doméstico ou sua família fisicamente, salvo em caso de legítima defesa, própria ou de outrem;

Em seguida, passemos a informar e comentar a respeito de outros deveres que não estão expressamente relacionados na lei, mas que são exigíveis dos empregadores em geral e mormente daqueles que contratam domésticos.

O empregador deve *oferecer as condições* para que o empregado execute os serviços, não só fornecendo equipamentos, ferramentas, matéria-prima etc. Cumpre-lhe, ainda, proporcionar um ambiente de labor de acordo com as regras legais sobre segurança, higiene e medicina do trabalho, sendo que o Capítulo V, do Título II, da CLT, é inteiramente dedicado a esse assunto, além de existirem numerosos atos que regulamentam tais normas, como portarias, instruções normativas, entre outros, expedidos pelo Ministério do Trabalho e Emprego.

O empregador deve ser *diligente* na observância dos prazos de lei para o cumprimento de obrigações como, por exemplo, pagamento do salário, entrega do vale-transporte (ou fornecer quantia em dinheiro correspondente), recolhimento dos depósitos do FGTS e das contribuições previdenciárias, entre outras.

Tratar o empregado com respeito é um dever obrigatório do empregador. A leitura do inciso III do art. 1º da Constituição Federal nos ensina que *"a dignidade da pessoa humana"* está consagrada como um dos princípios fundamentais a serem obedecidos por todo cidadão brasileiro. O parágrafo único do art. 27 da LC/150 (como visto acima) prevê algumas hipóteses de atos de desrespeito ao empregado que, se praticados, o lesado pode se considerar indiretamente despedido.

O dever de *lealdade* consiste, no que toca ao empregador, em cumprir tudo que foi ajustado no contrato ou, se este foi verbal, cumprir o que ficou combinado no ato da admissão. É procedimento desleal, por exemplo, descontar determinada importância do salário (INSS e imposto de renda) e não recolhê-la.

O patrão deve *fidelidade* a seu empregado. Não custa repetir aqui o que já afirmamos, sobre o assunto, no Capítulo anterior (pág. 55), ou seja, a palavra deriva do adjetivo *fiel*, que significa aquele que é digno de fé, que cumpre o que prometeu. Em resumo, podemos afirmar que fidelidade é nunca trair a confiança. O Código Civil, no art. 422, contém uma norma que, a nosso ver, serve de premissa básica e obrigatória para todos que celebram qualquer tipo de contrato: *"Os contratantes são obrigados a guardar, assim na conclusão do contrato, como em sua execução, os princípios de probidade e boa-fé"*. É infiel o empregador que solicita um serviço além da jornada normal e se recusa depois a pagar horas extras.

10.2.2. Deveres dos empregadores em face da Previdência Social

O leitor que vem consultando esta obra desde o início e sem interrupção, percebeu que todo o Capítulo 8 (pág. 49) foi dedicado às *"obrigações legais e mensais do empregador doméstico no curso do contrato"*. No subitem anterior, foram relacionados os deveres do patrão em relação à pessoa do empregado em certas obrigações que somente ocorrem eventualmente, em geral decorrentes da legislação previdenciária. Note-se que, ao examinar os direitos do empregado doméstico (Capítulo 9 – pág. 55), afirmamos que ele faz jus, entre outros benefícios assegurados pela Previdência Social, a auxílio-doença, auxílio-acidente, aposentadoria, auxílio-reclusão, pensão por morte e abono anual. É claro que, para conseguir obter tais vantagens – que não são rotineiras, ressalte-se –, o doméstico terá de contar com a iniciativa de seu empregador no sentido de tomar determinadas providências que, obviamente, constituem *deveres* dele. A seguir, procuraremos dar breves informações sobre as ditas providências com referência a cada benefício.

Auxílio-doença – Está regulado pelos arts. 59 a 64 da Lei n. 8.213/91 (trecho constante do Anexo I – pág. 101). É devido ao trabalhador segurado que, tendo cumprido o período de carência, ficar incapacitado para o seu trabalho ou para a sua atividade habitual por mais de 15 (quinze) dias. O primeiro dever do empregador, no caso, será o de pagar ao empregado, durante período inicial dos referidos 15 dias, o salário integral e demais vantagens habituais. A remuneração dos dias subsequentes – a partir do 16º (décimo sexto) dia – deverá ser paga pelo INSS, sendo que esse período será considerado de licença do empregado, que não poderá ser despedido enquanto ela durar. Tratando-se do auxílio-doença, a carência é de 12 (doze) contribuições mensais. Ressalte-se, de logo, que, em se tratando do doméstico, o empregador *está dispensado* de pagar os 15 (quinze) primeiros dias, isso porque os trabalhadores do lar começam a perceber o auxílio-doença retroativamente desde o primeiro dia de ausência por força da enfermidade, caso o requerimento seja efetuado no prazo de 30 (trinta) dias, a contar do afastamento. Se ultrapassado esse prazo, o valor respectivo é pago a partir da data de entrada do pedido. A lei exige o recolhimento de, no mínimo, 12 contribuições mensais para fazer jus a esse benefício, o que é chamado de período de carência.

No Capítulo anterior, na parte em que são analisados os direitos do empregado, procuramos destacar que ele também faz jus ao auxílio-doença quando sofre acidente do trabalho. Citamos a Lei n. 8.213/91, que menciona uma série de hipóteses de situações que se equiparam ao acidente de trabalho. Além da doença profissional e da doença do trabalho – que foram definidas naquela oportunidade – a lei em questão enumera outras hipóteses. Deixamos de transcrevê-las, tendo em vista que a lista é extensa e porque várias delas seriam bastante improváveis de ocorrer no âmbito doméstico. Assinale-se, ainda, que a referida lei faz referência a certas doenças que não podem ser equiparadas ao acidente do trabalho.

No tocante aos deveres do empregador quando se trata de auxílio-doença, já vimos linhas acima que se inclui entre suas obrigações a de pagar – aos empregados em geral, quando adoecem ou sofrem acidente do trabalho – a remuneração correspondente aos primeiros 15 (quinze) dias de afastamento, mas estão isentos dessa obrigação os empregadores domésticos. Foi afirmado também que o trabalhador não pode ser despedido durante o período da licença, pois o contrato estaria suspenso. É claro que o empregado terá de apresentar atestado médico para justificar a enfermidade de que foi acometido. No caso de empresa, a lei prevê que o documento pode ser fornecido por um serviço médico interno ou por instituição com a qual mantenha convênio. Fica evidente que, em se tratando de empregador doméstico, impossibilitado de manter serviços daquela natureza, o atestado poderá ser emitido por qualquer médico legalmente habilitado ou mesmo por uma organização médica pública ou privada. Em princípio, é dever do empregador aceitar o atestado apresentado, porém, desconfiando de uma possível fraude, cabe-lhe denunciar o fato a uma autoridade policial ou ao Ministério Público e, se confirmado o crime, punir o empregado até com despedida por justa causa.

Outro aspecto que merece ser ressaltado entre os deveres do empregador diz respeito ao auxílio-doença decorrente de acidente do trabalho, também denominado *auxílio-doença acidentário*. Obtida a alta, o empregado passa a gozar de uma estabilidade provisória de 12 (doze) meses. Não há dúvida, portanto, que, durante esse período, o empregador se obriga a *não dispensar* o empregado, salvo se este vier a cometer falta grave, ou seja, praticar ato ou adotar conduta conforme as hipóteses constantes do art. 27 da LC/150 (ver subitem 11.4 do Capítulo 11 – pág. 69).

A legislação previdenciária estabelece (art. 62 da Lei n. 8.213/91) que, se o segurado em gozo de auxílio-doença não consegue recuperar-se para exercer sua atividade habitual, deverá submeter-se a processo de reabilitação profissional para o exercício de outra atividade. Entendemos, quanto a isso, que constitui dever do empregador colaborar com o INSS na implementação do indicado processo de reabilitação. Constatada a impossibilidade de recuperação, deve o empregador orientar seu empregado no sentido de requerer a aposentadoria por invalidez, hipótese esta prevista no citado artigo da Lei n. 8.213.

Aposentadoria – Conforme já assinalado no subitem 9.3.2. do Capítulo 8, a lei prevê quatro tipos de aposentadoria: a) por idade; b) por tempo de contribuição; c) por invalidez; e d) especial. Esta última raramente será aplicável ao doméstico. Em geral, após satisfeitos os requisitos legais exigidos, o próprio empregado toma a iniciativa de requerer o benefício. Sendo o doméstico uma pessoa de poucas letras ou desinformada de seus direitos, não custa ao empregador – por solidariedade e levado por sentimentos humanitários – procurar dar orientações com a finalidade de esclarecer as providências que deverão ser tomadas com o fito de obter a aposentadoria. É muito importante salientar que, no passado, uma das modalidades era a *por tempo de serviço*, mas, desde a Emenda Constitucional n. 20, que é de dezembro/1998, passou a ser *por tempo de contribuição*. Fizemos questão de destacar esse ponto com o propósito de alertar os empregadores domésticos de que, quando o segurado requer a indicada espécie de aposentadoria, ele tem necessidade de *provar* o recolhimento do mínimo de contribuições exigido legalmente. É óbvio que, se o seu empregador não cumpriu a *obrigação* de recolher, todo mês, tais contribuições, isso resultará em sérios prejuízos ao empregado, o qual pode dar entrada em ação judicial cobrando o atrasado do inadimplente e até requerendo indenização por danos materiais e morais.

Há uma particularidade que muitos empregadores desconhecem e que entendemos aplicável aos domésticos. O art. 51 da Lei n. 8.213/91 faculta ao empregador requerer diretamente a aposentadoria do empregado caso este tiver completado 70 (setenta) anos, se homem, ou 65 (sessenta e cinco) anos, se mulher, desde que cumprido o período de carência. Nessas circunstâncias, o(a) empregado(a) não pode se recusar ou impedir a iniciativa do patrão, pois se trata de aposentaria compulsória. Todavia, por tratar-se de uma rescisão do contrato de trabalho, tem ele o direito de reivindicar – e o empregador tem o *dever* de cumprir – o pagamento de todas as verbas trabalhistas a que faz jus, bem como as demais obrigações de fazer (baixa na CTPS, fornecer guias para liberação do FGTS e para obter o seguro-desemprego etc.). Foi levantado o questionamento de que a aludida norma legal seria inconstitucional, mas ainda não existe decisão do STF a respeito desse tema. Consultado pelo autor um especialista em Direito Previdenciário, respondeu que, ainda que considerada constitucional, a norma em questão *não é* aplicável ao doméstico.

Auxílio-acidente – Como visto ao enfocarmos o assunto no Capítulo anterior, esse tipo de benefício – que não se confunde com o auxílio-doença acidentário, ressalte-se –, é pago, na forma de indenização pelo INSS, ao empregado após a consolidação das lesões decorrentes de acidente de qualquer natureza que vierem a ter como consequência certas sequelas que impliquem redução da capacidade para o trabalho habitualmente exercido. Passa a ser devido a partir do dia seguinte ao da cessação do auxílio-doença. Em princípio, não há uma obrigação a ser cumprida pelo empregador no tocante a isso, porém, por questões humanitárias, cabe-lhe orientar o empregado que mantém sequelas, depois de sofrer um acidente, a respeito de como requerer a vantagem.

Auxílio-reclusão e pensão por morte – Essas duas vantagens, em tese, independem de providências a serem tomadas pelo empregador, mas não custa insistir que, por solidariedade ou levado por sentimentos humanitários, deve ele orientar os dependentes do aprisionado ou do falecido quanto às formalidades legais com vistas a obter os benefícios. Saliente-se que, segundo a recente Lei n. 13.134, de 16.6.2015, que resultou da conversão da Medida Provisória n. 665, somente pode ser concedida a pensão por morte se foram recolhidas, no mínimo, as contribuições previdenciárias referentes a 18 (dezoito) meses, sendo que o viúvo ou a viúva deve provar que o casamento ou a união estável teve duração mínima de 2 (dois) anos. Apenas receberão o benéfico de forma vitalícia os que contarem 44 (quarenta e quatro) anos de idade ou mais.

10.2.3. Fiscalização

Os empregadores domésticos devem ser alertados de que o cumprimento de seus deveres trabalhistas e previdenciários – do mesmo modo que ocorre com os demais empregadores do país – é fiscalizado pelo Ministério do Trabalho e Emprego, por meio de auditores fiscais lotados nas diversas Superintendências Regionais (antes denominadas Delegacias), em geral sediadas nas capitais dos Estados. É fato notório que, diante da extensão continental do Brasil, existe um reduzido contingente desses servidores dedicados a realizar a árdua tarefa de fiscalização, do que resulta uma quantidade imensa de empresas e empreendedores individuais sem nunca receber a visita deles. Apesar disso, tal deficiência não constitui desculpa para que donos e donas de casa que mantêm empregados persistam na sistemática fraude de descumprir obrigações legais. Um dia alguns podem ser surpreendidos pela chegada na sua residência de um auditor, que assim procedeu por iniciativa própria ou – vale ressaltar – por uma denúncia de um ex-empregado e até por uma denúncia anônima.

A LC/150 reservou uma de suas normas para tratar do assunto. Determinou, no art. 44, que seja acrescentado o art. 11-A à Lei n. 10.593, de 6.12.2002, que tem o seguinte teor:

> *Art. 11-A. A verificação, pelo Auditor-Fiscal do Trabalho, do cumprimento das normas que regem o trabalho do empregado doméstico, no âmbito do domicílio do empregador, dependerá de agendamento e de entendimento prévios entre a fiscalização e o empregador.*

§ 1º A fiscalização deverá ter natureza prioritariamente orientadora.

§ 2º Será observado o critério de dupla visita para lavratura de auto de infração, salvo quando for constatada infração por falta de anotação na Carteira de Trabalho e Previdência Social ou, ainda, na ocorrência de reincidência, fraude, resistência ou embaraço à fiscalização.

§ 3º Durante a inspeção do trabalho referida no caput*, o Auditor-Fiscal do Trabalho far-se-á acompanhar pelo empregador ou por alguém de sua família por este designado."*

Como se observa, houve um cuidado para evitar um procedimento muito rigoroso ou até arbitrário por parte do fiscal. Foi exigido agendamento e entendimentos prévios com vistas à visita e que a fiscalização tenha, sobretudo, natureza orientadora. Ela será feita com o acompanhamento do empregador ou pessoa da família. A lavratura de um possível auto de infração apenas será efetuada numa segunda visita. É evidente que, se ocorrer uma das hipóteses relacionadas no § 2º, torna-se desnecessária uma segunda visita.

10.3. DIREITOS DOS EMPREGADORES

Desde que analisamos os casos de suspensão e interrupção do contrato de trabalho e esclarecemos alguns pontos – subitem 6.5 do Capítulo 6 (pág. 41) – já tínhamos feito referência expressa ao *poder diretivo* do empregador. Na oportunidade, afirmamos que a subordinação jurídica é a principal característica da relação de emprego. Em consequência disso, fica claro que o empregador tem todo o direito de traçar diretrizes, orientar a prestação do serviço, controlar, dar ordens e punir o empregado se este demonstra mau procedimento ou se recusa a obedecer. Os juristas costumam sustentar que esse poder geral se subdivide em três outros: poder de organização, poder de fiscalização e poder disciplinar. Cumpre assinalar, com ênfase, que tais poderes nunca podem ser exercidos com arbitrariedade ou acima de certos limites fixados pelos princípios da racionalidade e do bom-senso. O poder diretivo – desde que exercido com moderação – encontra-se, sem dúvida, entre os principais direitos do empregador.

Quando tratamos do assunto alteração do contrato de trabalho – subitem 9.2. do mesmo sexto capítulo – fizemos alusão ao rigor do art. 468 da CLT, que exige, para qualquer mudança nas condições laborais, o mútuo consentimento e, além disso, que *"não resultem, direta ou indiretamente, prejuízos ao empregado"*. Não há dúvida que se trata de regra que se aplica ao doméstico. Essa norma protetora, no entanto, não deve ser interpretada de modo radical e exagerado. A própria lei, no parágrafo único do apontado art. 468 e nos três parágrafos do artigo seguinte (469), indica exceções. A primeira é a possibilidade de destituição de um empregado de um cargo de confiança que ele vinha ocupando, fazendo-o retornar ao cargo efetivo. Também não há ilegalidade em transferir o empregado nas seguintes hipóteses: a) se exerce função de confiança; b) se, no contrato, está explícita ou implícita a condição de constantes transferências em função da natureza do serviço; c) extinção do estabelecimento (aqui, tratando-se de doméstico, pode se enquadrar, no caso, a mudança de residência do patrão). Havendo comprovada necessidade *eventual* e *temporária* do serviço, poderá o empregador transferir o empregado (incluído o doméstico, a nosso ver), porém se obriga a pagar um adicional de 25% sobre o salário durante o período, além de ter de custear todas as despesas relativas ao deslocamento.

Em reiterada jurisprudência, os tribunais trabalhistas vêm entendendo que certas alterações nas condições de trabalho – que não causem claros prejuízos ao empregado – podem ser efetuadas sem a concordância expressa deste, em situações como: a) pequenas mudanças nos horários de entrada e saída ou na duração do intervalo; b) modificação de algumas tarefas, desde que estejam dentro da capacidade e qualificação do empregado; c) transferência do trabalho noturno para o diurno (o inverso não é permitido, por ser prejudicial).

Extinção do Contrato de Trabalho

11.1. MODOS DE EXTINÇÃO

Chega um momento em que o contrato de trabalho alcança o seu final. Os juristas divergem sobre a nomenclatura que utilizam na classificação. Nos livros teóricos, encontramos termos como *dissolução, resilição, rescisão, caducidade* e *resolução*. Preferimos optar por uma divisão mais simples que compreende três modos principais de extinção do contrato:

a) extinção normal do contrato

Celebrado um contrato por tempo determinado – cujo exemplo mais comum e aplicável ao doméstico é o contrato de experiência – ambas as partes estão previamente avisadas de quando ele finaliza. Alcançado o termo final, pode-se afirmar que ocorreu a *caducidade* do contrato. Saliente-se que o marco de término pode não ser uma data, mas sim, um acontecimento futuro previsível e certo como, por exemplo, nos casos de contrato por obra ou por safra (impraticáveis no âmbito doméstico). A LC/150 prevê, no art. 4º, II, a possibilidade, no caso de doméstico, de contrato por tempo determinado *"para atender necessidades familiares de natureza transitória e para substituição temporária de empregado doméstico com o contrato de trabalho interrompido ou suspenso"*.

Cumprido todo o prazo ajustado, o empregado não tem direito ao aviso-prévio, porém deve receber possível salário retido, férias vencidas e proporcionais com o adicional de 1/3 e 13º salário proporcional. Caso uma das partes decida romper com o contrato por tempo determinado antes de alcançar o termo final (deixa, pois, de ser um fim normal), o empregador fica obrigado a pagar ao empregado, como indenização, metade da soma dos salários que seriam devidos com relação ao período até o término previsto. Se, ao contrário, a iniciativa do rompimento antecipado é do empregado, este indenizará o empregador com a quantia equivalente ao que perceberia em situação inversa.

b) rescisão

Que me desculpem os autores que utilizam esse termo como sendo a modalidade de cessação do contrato na hipótese de ser declarada sua nulidade. A CLT, entretanto, emprega *rescisão* em vários de seus artigos no sentido da extinção do contrato por iniciativa de uma das partes ou de ambas[1]. Em face disso e de ser este livro também destinado ao público leigo em Direito, demos preferência a usar a terminologia que consta das normas legais trabalhistas, inclusive da LC/150 (parágrafo único do art. 27 e inciso II do art. 28). A rescisão pode ser por ato *bilateral* (também chamado *distrato*) ou *unilateral*, sendo que, se o ato unilateral for por iniciativa do empregador, denomina-se *despedida* ou *dispensa*, mas se a iniciativa parte do empregado, diz-se que ocorreu *demissão* (é mais usual dizer-se que houve *pedido de demissão*). A despedida pode ser *com* ou *sem* justa causa. No primeiro caso, terá

---

(1) A palavra rescisão (ou o verbo rescindir) aparece em nada menos do que dezoito dispositivos da CLT: 29, § 2º, c; 59, § 3º; 391; 407, parágrafo único; 439; 449, § 2º; 467; 472; 474; 475, § 1º; 488; 489; 490; 491; 497; 502, II; 508 e 652, a, II.

de ser, para os trabalhadores em geral, por um dos motivos relacionados no art. 482 da CLT e, para os domésticos, na ocorrência de uma das hipóteses contidas no art. 27 da citada LC/150. Os efeitos da cessação do contrato por rescisão serão tratados mais adiante.

c) *extinção atípica*

Os contratos de trabalho, na sua grande maioria, são firmados por tempo indeterminado e, em geral, terminam na ocorrência da modalidade anterior (rescisão). Poderão, todavia, chegar ao final por força de situações menos frequentes, a saber:

I – extinção da empresa ou do estabelecimento (inaplicável ao doméstico);

II – morte do empregado – os herdeiros terão direito às verbas rescisórias, exceto aviso-prévio;

III – morte do empregador pessoa física (como se sabe, pessoa jurídica nunca pode ser empregador doméstico) – o empregado fará jus às parcelas rescisórias como se fora despedido, mas, se concordar em manter o vínculo com herdeiros, efetiva-se a sucessão trabalhista;

IV – força maior (fato que independe da vontade do empregador) – para os empregados em geral a indenização deve ser metade da que faria jus em situação normal, mas a LC/150 é omissa quanto a isso, presumindo-se que os tribunais trabalhistas autorizarão a aplicação subsidiária da CLT;

V – falência da empresa (inaplicável ao doméstico);

VI – *factum principis* – a tradução dessa expressão latina é *"fato do príncipe"*, significando uma determinação ou ordem governamental que venha a provocar o fechamento de uma empresa, passando para o órgão oficial autor do ato a responsabilidade pelo pagamento das verbas rescisórias, sendo muito improvável tal ocorrer com relação ao doméstico;

VII – aposentadoria – por força de decisão do STF – Supremo Tribunal Federal, desde 2006, a aposentadoria espontânea não extingue automaticamente o contrato de trabalho, porém, se o obreiro não mais quiser permanecer no emprego, consuma-se a *dissolução* do vínculo. A aposentadoria por invalidez, de acordo com o art. 475 da CLT, suspende o contrato de trabalho, que somente finaliza quando a Previdência Social declara que a invalidez é definitiva. As outras espécies de aposentadoria – por idade, por tempo de contribuição e especial – extinguem o contrato.

VIII – por força de decisão judicial – o exemplo mais comum é aquele em que a Justiça do Trabalho julga procedente o inquérito judicial instaurado para apurar falta grave cometida por empregado estável. Diz-se, no caso, que ocorreu a *resolução* do contrato. O doméstico pode alcançar a estabilidade se vier a ser eleito dirigente de um sindicato da sua categoria.

11.2. FORMALIDADES

O pedido de demissão ou o recibo de quitação dos empregados em geral, com mais de um ano de serviço, só será válido contando com a assistência sindical ou perante autoridade do MTE – Ministério do Trabalho e Emprego, que mantém Superintendências Regionais do Trabalho (antigas Delegacias) nas capitais e escritórios credenciados nas maiores cidades. Nada deve ser cobrado ao empregado para homologar a rescisão. Existe um modelo oficial de recibo que deve ser utilizado (ver Anexo II, p. 126). Nas cidades onde inexistem sindicatos e qualquer representante do MTE, a lei autoriza que a assistência poderá ser dada por um promotor público, defensor público ou Juiz de Paz. É dispensável a indicada formalidade se empregado conta com menos de um ano de serviço, mas é recomendável que as verbas rescisórias sejam relacionadas no modelo oficial de recibo já referido.

Exige a lei – § 6º do art. 477 da CLT – que o pagamento das verbas rescisórias seja efetuado no primeiro dia útil imediato ao término do contrato ou até o décimo dia, a contar do ato da despedida ou demissão, quando da ausência de aviso-prévio, se ele for indenizado ou dispensado seu cumprimento.

É importante destacar que a LC/150 é omissa quanto às exigências da homologação e de observância de prazos, conforme informações acima. Os interessados devem ficar atentos às futuras decisões dos tribunais trabalhistas, uma vez que, a nosso ver, eles tendem a entender que não se aplicam aos domésticos as referidas normas, porém não será surpresa se determinarem, por analogia, a sua aplicação, principalmente se crescer, de modo acentuado no país, o número de sindicatos de trabalhadores domésticos.

11.3. AVISO-PRÉVIO

Nos contratos por tempo indeterminado, o empregador que desejar despedir um seu trabalhador, sem invocar justa causa, bem como o empregado que estiver decidido a pedir demissão, ambos estão obrigados a dar *aviso--prévio* à outra parte. O aviso se torna desnecessário quando o contrato tem prazo estipulado e se extingue de forma normal, mas é exigido se a rescisão ocorrer antes do prazo combinado. A partir da CF/88, o prazo mínimo do aviso--prévio é de 30 dias. O inciso XXI do art. 7º da referida Carta prevê que o pré-aviso deverá ser proporcional ao tempo de serviço. A regulamentação dessa parte somente ocorreu com a Lei n. 12.506, publicada em 13.10.2011, a qual dispõe que serão acrescentados, àquele mínimo de 30 dias, três dias por ano de serviço, observado o limite máximo de 90 dias. Somente deve ser computado o ano integral, não sendo aproveitáveis as frações de qualquer quantidade de meses. O aviso proporcional é apenas obrigatório para o empregador e, portanto, o prazo de 30 dias permanece em relação ao empregado que pede demissão.

Não sendo dado o aviso-prévio, pelo empregador, nas despedidas sem justa causa, o empregado pode reclamar, na Justiça do Trabalho, a indenização correspondente, ou seja, a quantia equivalente aos salários, incluindo horas extras e outras vantagens habituais, que seriam pagas durante o período legal do aviso, sendo que esse período passa a integrar o tempo de serviço. Alerte-se que a citada lei não tem efeito retroativo, significando que os trabalhadores dispensados antes de sua vigência não fazem jus ao aviso-prévio proporcional.

A falta do pré-aviso, por parte do empregado, dá ao empregador o direito de descontar os salários correspondentes ao prazo respectivo. Caso a rescisão seja da iniciativa do empregador, o horário normal de trabalho do empregado, durante o prazo do aviso, será reduzido em duas horas, sem prejuízo do salário integral, podendo ele optar pelo afastamento durante 7 (sete) dias corridos. Há quem sustente que, se o período do aviso for superior a 30 dias, esses dias de afastamento deveriam ser também em número proporcionalmente maior. A redação do parágrafo único do art. 24 da LC/150, a nosso ver, não permite essa interpretação, pois garante a alternativa do afastamento por 7 (sete) dias tanto para o pré-aviso de 30 (trinta) dias como para o proporcional. É devido o aviso-prévio na despedida indireta. Havendo culpa recíproca na rescisão contratual, o valor cai para 50%. Descabe aviso-prévio no distrato (por acordo das partes), na dissolução por força de decisão judicial e quando ocorre força maior. O reajuste coletivo determinado no curso do aviso de iniciativa do empregador beneficia o empregado pré-avisado, mesmo que ele já tenha recebido o salário do mês respectivo. O período do aviso-prévio se integra ao tempo de serviço do empregado para todos os efeitos legais.

11.4. JUSTA CAUSA

O art. 482 da CLT relaciona as treze faltas graves que, se praticadas pelo empregado, justificam a despedida por justa causa. A LC/150 repetiu várias delas, acrescentou mais uma e alterou a redação de outras. Vamos relacioná-las a seguir, tecendo breves considerações:

a) submissão a maus-tratos de idoso, de enfermo, de pessoa com deficiência ou de criança sob cuidado direto ou indireto do empregado;

A CLT, na alínea *f* do art. 482, se refere a "*ato lesivo da honra e boa fama ou ofensas físicas praticadas contra o empregador e superiores hierárquicos*". Aliás, com pequenas alterações, a LC/150 repete o indicado dispositivo (ver item *i* abaixo). Entendemos que, em princípio, a hipótese ora em exame seria até dispensável, pois se enquadraria naquela outra a que aludimos. Tendo em vista a peculiaridade da relação empregatícia doméstica, teve razão o redator da lei regulamentadora em especificar melhor as possíveis vítimas dos maus-tratos, procedimento este sobre o qual existe consenso de quando ocorre. Em verdade, o idoso, o enfermo, a pessoa com deficiência e a criança são, em geral, muito indefesas e chega a ser um ato de desumanidade tratá-los de forma imprópria, maldosa ou até criminosa.

b) prática de ato de improbidade;

O termo *improbidade*, como se sabe, é sinônimo de desonestidade, havendo certo consenso em torno do que isso significa. O furto de objetos do lar, de objetos pessoais dos familiares residentes na casa ou de algum visitante seria o exemplo mais comum.

c) incontinência de conduta ou mau procedimento;

São formas de comportamento que se afiguram como atos de desrespeito e até atos imorais, em relação aos moradores da casa ou contra terceiros, que venham a causar inegáveis constrangimentos às vítimas.

d) condenação criminal do empregado transitada em julgado, caso não tenha havido suspensão da execução da pena

Nem sempre a justa causa se enquadra como crime, mas quando chega a esse ponto – e há uma sentença condenatória criminal transitada em julgado (esgotados os recursos possíveis) – a falta se torna gravíssima. Não importa se o crime foi cometido no local de trabalho ou fora dele. A prisão preventiva não é motivo para dispensa, sendo que, no caso, o contrato fica suspenso. O próprio texto da lei, como visto, afasta a justa causa quando o praticante do crime tem suspensa a execução da pena.

e) desídia no desempenho das respectivas funções;

O procedimento tido como desidioso compreende atitudes como falta de compromisso com o cumprimento dos deveres, negligência na prestação do serviço, má vontade ao receber ordens, atrasos constantes na chegada ao trabalho ou saídas antes da hora normal. Na desídia, é preciso que os atos se repitam para que se concretize a hipótese.

f) embriaguez habitual ou em serviço;

Surpreender um empregado, eventualmente, com sinais evidentes de ter ingerido bebida alcoólica, estando ele no interior da residência onde serve, pode gerar uma punição mais leve, como advertência ou suspensão disciplinar. Note-se que o dispositivo legal faz alusão a embriaguez "*habitual*", não importando onde. A referência a "*em serviço*" significa que os possíveis e eventuais excessos longe do local de trabalho – desde que tais comportamentos não tenham reflexos no próprio desempenho cotidiano do empregado – não devem ser considerados. Depois que a Organização Mundial da Saúde passou a considerar a embriaguez uma doença, surgiu uma tendência jurisprudencial no sentido de não incluir essa hipótese no rol da justa causa, mas o assunto ainda é polêmico.

g) ato de indisciplina ou de insubordinação;

Costuma-se fazer uma distinção entre esses dois atos. O primeiro se dá quando o empregado desobedece a uma ordem geral vigente no âmbito do trabalho e que é de seu conhecimento (uso da farda, por exemplo). Constitui insubordinação recusar-se a cumprir uma ordem específica do superior – preparar um alimento ou limpar determinado cômodo, por exemplo –, contanto que – é claro – não seja uma ordem absurda ou desrespeitosa.

h) abandono de emprego, assim considerada a ausência injustificada ao serviço por, pelo menos, 30 dias corridos;

A CLT é omissa quanto à duração da ausência que faz configurar o abandono. O TST, por meio da Súmula n. 32, procurou sanar a lacuna, fixando a posição de que "*presume-se*" o abandono do emprego o não retorno ao serviço em 30 dias, após cessar o benefício previdenciário e se o empregado não apresenta justificativa. A presença do termo destacado entre aspas significa que, mesmo ultrapassado o indicado prazo, pode não ter ocorrido a intenção de abandonar, se aconteceu, por exemplo, um acidente grave que deixou o empregado em coma, sem possibilidade de avisar. Por outro lado, se o trabalhador consegue outro emprego e não dá satisfação ao antigo empregador, fica claro o abandono sem que seja necessário decorrerem os 30 dias. A Súmula em questão trata do retorno depois do final de um benefício previdenciário, mas é pacífico o entendimento de que a interpretação se aplica a outros casos. Agora, a LC/150 optou por incluir, de modo expresso, no inciso VIII do art. 27, a circunstância da ausência por 30 dias, ou mais, como um dos fatores que fazem presumir o abandono. É preciso apurar se as faltas ao serviço foram realmente *"injustificadas"* e se houve a ocorrência de outro fator importante: a vontade deliberada de abandonar o emprego (os juristas usam, para tanto, o termo latino *animus*).

i) ato lesivo à honra e à boa fama ou ofensas físicas praticadas em serviço contra qualquer pessoa, salvo em caso de legítima defesa, própria ou de outrem;

Os atos lesivos a que se refere a lei poderão ser cometidos contra os próprios colegas de trabalho, superiores e terceiros. Chama-se a atenção de que estão incluídas no texto legal, tanto da CLT como da LC/150, as agressões mediante ofensas físicas. A lei também prevê que, se qualquer um dos atos for praticado em legítima defesa, própria ou de outrem, elide a culpa do empregado.

j) prática constante de jogos de azar;

Estamos aqui diante de uma hipótese que, na prática, é rara de acontecer, ainda mais no recesso dos lares.

Havendo culpa recíproca (circunstância difícil de ocorrer), os empregados em geral terão direito à metade da multa do FGTS, bem assim 50% do aviso-prévio, do 13º salário e das férias proporcionais. A LC/150, no § 2º do art. 22, estabelece que, na culpa recíproca, metade dos depósitos do FGTS fica para o empregador e a outra metade para o empregado. Silencia quanto às demais parcelas rescisórias, mas entendemos que, pela lógica e pela analogia, elas deverão ser pagas na forma apontada. No caso de paralisação, temporária ou definitiva, do trabalho, motivada por ato do Poder Público – *factum principis* é a expressão jurídica latina aplicada a essa hipótese –, fica a cargo do órgão estatal o pagamento de todas as verbas rescisórias.

Na versão do projeto de lei que foi aprovado no Congresso Nacional, constava mais uma hipótese de justa causa para despedida: *"violação de fato ou circunstância íntima do empregador doméstico ou de sua família"*. Entretanto, remetido para a sanção, a Presidente da República entendeu de vetar esta parte. Justificou o veto, na mensagem respectiva, afirmando que o texto estaria redigido de *"forma ampla e imprecisa"*, dando margem a fraudes e trazendo insegurança para o trabalhador doméstico. A alínea *g* do art. 482 da CLT faz menção a *"violação de segredo da empresa"*, o que, obviamente, é inaplicável ao doméstico.

11.5. DESPEDIDA INDIRETA

Mesmo não tendo havido uma manifestação expressa do empregador, pode o empregado considerar-se *indiretamente despedido* e exigir as parcelas indenizatórias. A CLT regula a matéria no art. 483 e a LC/150 não foi omissa quanto a isso. No parágrafo único do art. 27 relacionou as hipóteses a seguir, a respeito das quais faremos breves comentários:

I – o empregador exigir serviços superiores às forças do empregado doméstico, defesos por lei, contrários aos bons costumes ou alheios ao contrato;

O fato de o empregado exercer uma atividade de forma subordinada não faz surgir para o empregador o direito de fazer exigências acima da capacidade ou da qualificação do trabalhador. Trata-se de um abuso no exercício do chamado poder diretivo (ver subitem 10.3. do Capítulo 10). Acrescente-se que são também consideradas determinações abusivas as que, conforme a clara redação da hipótese em exame, contrariam expressos dispositivos legais, os bons costumes e cláusulas do contrato de trabalho.

II – o empregado doméstico for tratado pelo empregador ou sua família com rigor excessivo ou de forma degradante;

As relações entre os seres humanos, independentemente de classe social ou nível hierárquico, devem ser marcadas pelo que se denomina *dever de urbanidade*, ou seja, o tratamento recíproco será norteado pela regras da boa educação. Manter a autoridade não significa humilhar ou denegrir a imagem dos que recebem ordens. Note-se que tal recomendação vale tanto para a pessoa física do empregador como para seus familiares.

III – o empregado doméstico correr perigo manifesto de mal considerável;

Como já foi afirmado em outra parte deste livro (subitem 7.1.3. do Capítulo 7 – pág. 45), a CLT dedica todo um capítulo – Cap. V do Título II – às normas sobre segurança, higiene e medicina do trabalho. Incluem-se entre os deveres dos empregadores em geral – e o empregador doméstico não foge disso – manter um ambiente de trabalho sadio, observadas aquelas normas celetistas aplicáveis ao tipo de serviço executado pelo empregado, que nunca deve ser exposto ao risco de sofrer algum mal físico ou psíquico.

IV – o empregador não cumprir as obrigações do contrato;

Desde que informamos a respeito das providências para a admissão do doméstico (Capítulo 2 – pág. 23), recomendamos a celebração de um *contrato escrito*, embora não haja exigência legal quanto a isso. Existindo claras e precisas cláusulas e condições ajustadas entre os contratantes, fica mais fácil, para o doméstico, saber com exatidão seus direitos e deveres. É claro que o contrato não esgota as obrigações de ambas as partes, pois as leis, os costumes e o bom-senso ditam muitas outras regras, mas descumprir o pacto firmado constitui falta bastante grave. Vale informar que, na prática, o abuso que os trabalhadores mais denunciam é o atraso do pagamento do salário ou até o não pagamento.

V – o empregador ou sua família praticar, contra empregado doméstico ou pessoas de sua família, ato lesivo à honra e à boa fama;

É sempre importante lembrar que a CF/88, logo no art. 1º, proclama que o Estado Democrático de Direito tem como um de seus fundamentos *"a dignidade da pessoa humana"*. O inciso X do art. 5º da mesma Carta Magna dispõe: *"são invioláveis a intimidade, a vida privada, a honra e a imagem das pessoas, assegurado o direito a indenização pelo dano material ou moral decorrente da sua violação"*. Como se observa, constitui falta muito grave atentar contra os direitos constitucionais enumerados. Aqui também isso tem de ser obedecido pelo patrão e por seus familiares, não podendo ser ofendidos, igualmente, os familiares do empregado.

VI – o empregador ou sua família ofender o empregado doméstico ou sua família fisicamente, salvo em caso de legítima defesa, própria ou de outrem;

As considerações feitas com relação ao item anterior também cabem aqui. É evidente que as agressões físicas atentam, do mesmo modo, contra a honra e a dignidade do empregado e de seus familiares, mesmo não praticadas pelo empregador, desde que o(a) autor(a) seja um familiar deste. Como visto, exclui a culpabilidade se o ato é cometido em legítima defesa ou de outrem.

VII – o empregador praticar qualquer das formas de violência doméstica ou familiar contra mulheres de que trata o art. 5º da Lei n. 11.340, de 7 de agosto de 2006.

O § 8º do art. 226 da CF/88 determinou que *"o Estado assegurará a assistência à família na pessoa de cada um que a integra, criando mecanismos para coibir a violência no âmbito de suas relações"*. A lei citada foi aprovada com a finalidade de instituir e regulamentar esses mecanismos, criando juizados de proteção à mulher e alterando outras leis. Seu art. 5º está assim redigido *"Para os efeitos desta Lei, configura violência doméstica e familiar contra a mulher qualquer ação ou omissão baseada no gênero que lhe cause morte, lesão, sofrimento físico, sexual ou psicológico e dano moral ou patrimonial."*

11.6. LIBERAÇÃO DO FGTS

Desde que foi promulgada a CF/88, deixou de existir a possibilidade de opção pelo Fundo de Garantia do Tempo de Serviço – FGTS. A partir de então, todos os empregados (era facultativo para os domésticos até a EC-72) passaram a fazer parte do referido Fundo.

O empregador doméstico que despede um empregado *sem* justa causa ou comete ato que justifica a despedida indireta, além de pagar as verbas indenizatórias cabíveis, fica obrigado a liberar o total das quantias depositadas na conta vinculada do FGTS, ou seja, os 8% e os 3,2%, recolhidos todo mês durante o período de duração do contrato de trabalho (ver capítulo referente às obrigações mensais do empregador – p. 49). Sobre o total dos depósitos incidem juros e correção monetária.

A título apenas de informação, registramos aqui que a Lei Complementar n. 110, de 29.06.2001, instituiu, em caráter temporário e sem esclarecer o prazo, um acréscimo de 10% à multa de 40% devida aos demais empregados dispensados na mesma circunstância. Tal valor não se reverte em favor do empregado, tendo sido instituído para equilibrar as contas do FGTS. Fique caro que não é aplicável ao doméstico. O Congresso Nacional, em 2013, chegou a aprovar um projeto de lei revogando essa obrigação, mas a Presidente da República vetou.

O empregado que for despedido *com* justa causa, pedir demissão, sair no término normal do contrato por tempo determinado ou aposentar-se não pode levantar a importância depositada em sua conta do FGTS, que reverte para o empregador, nos termos do § 1º do art. 22 da LC/150. No caso de falecimento do empregado, os herdeiros também não podem sacar os depósitos do FGTS, que ficam para o empregador.

Normalmente, os demais empregados podem sacar a totalidade da importância depositada em seu nome na conta vinculada do FGTS, com todas as vantagens, quando se aposentam. Se falecerem antes disso, fica para seus dependentes ou herdeiros. A lei, porém, prevê alguns casos em que pode ser movimentada a referida conta antes da aposentadoria. Exemplos: a) aquisição de moradia própria ou saldar financiamento; b) aplicação em negócio; c) aquisição de equipamento para atividade autônoma; d) casamento (somente para mulheres); e) doença grave – câncer ou HIV – dele próprio ou de um dependente; f) permanecer três anos ininterruptos fora do sistema do FGTS; g) estar em estado terminal por doença grave; h) ter idade igual ou superior a 70 anos; i) necessidade pessoal por força de desastre natural decorrente de chuvas, inundações e vendavais. A regulamentação detalhada de todas as hipóteses de saques está na Lei 8.036/90 e no Decreto 99.684/90. Por força da LC/150, que disciplinou de modo bem diferente a liberação do FGTS, nada disso se aplica ao doméstico.

11.7. SEGURO-DESEMPREGO

Trata-se de um benefício instituído pela Lei n. 7.998, de 11.01.1990, alterada pela Lei n. 8.900, de 30.06.1994 e por algumas Medidas Provisórias. Existem, ainda, diversas Resoluções regulamentadoras aprovadas pelo Codefat – Conselho Deliberativo do Fundo de Amparo ao Trabalhador. Em relação ao doméstico, a LC/150 dedicou ao assunto os artigos 26, 28, 29 e 30. O seguro deve ser requerido no prazo de 7 (sete) a 90 (noventa) dias, contados da data da despedida e o interessado apresentará os seguintes documentos:

I – Carteira de Trabalho e Previdência Social, na qual deverão constar a anotação do contrato de trabalho doméstico e a data de dispensa, de modo a comprovar o vínculo empregatício, como empregado doméstico, durante pelo menos 15 (quinze) meses nos últimos 24 (vinte e quatro) meses;

II – termo de rescisão do contrato de trabalho;

III – declaração de que não está em gozo de benefício de prestação continuada da Previdência Social, exceto auxílio--acidente e pensão por morte; e

IV – declaração de que não possui renda própria de qualquer natureza suficiente à sua manutenção e de sua família.

O valor máximo do seguro-desemprego é o equivalente ao salário mínimo. Será pago por um período máximo de 3 (três) meses, de forma contínua ou alternada. Terão de ser observadas as formalidades e exigências da Lei n. 7.998, de 11.1.1990 (constante do Anexo I – pág. 97) e do regulamento expedido pelo Codefat – Conselho Deliberativo do Fundo de Amparo ao Trabalhador. Deve ficar bem claro que faz jus ao seguro-desemprego o doméstico – ou qualquer outro empregado – que for despedido *sem* justa causa. Não têm direito ao benefício, além dos despedidos *com* justa causa, aqueles que pedem demissão ou firmam um contrato por tempo determinado que foi cumprido integralmente. Se o empregador toma a iniciativa de rescindir antes do prazo ajustado o contrato por tempo determinado, o empregado pode requerer o seguro-desemprego. Um novo seguro-desemprego só poderá ser requerido após o cumprimento de novo período aquisitivo, cuja duração será definida pelo Codefat.

O seguro-desemprego será cancelado, sem prejuízo das demais sanções cíveis e penais cabíveis, nas seguintes hipóteses:

I – pela recusa, por parte do trabalhador desempregado, de outro emprego condizente com sua qualificação registrada ou declarada e com sua remuneração anterior;

II – por comprovação de falsidade na prestação das informações necessárias à habilitação;

III – por comprovação de fraude visando à percepção indevida do benefício do seguro-desemprego; ou

IV – por morte do segurado.

A título de curiosidade – porque não interessa ao doméstico, pois, como visto, o assunto está regulado em legislação própria – a Lei n. 13.134, de 16.6.2015, que resultou da conversão da Medida Provisória n. 665, alterou, com referência aos demais empregados, os critérios para a concessão do seguro-desemprego. A quantidade de parcelas (que varia de três a cinco) e também o valor de cada parcela vão depender do tempo de serviço e de ter sido a primeira, a segunda ou a partir da terceira solicitação.

12

Dúvidas Mais Frequentes

Por mais que tivéssemos nos esforçado para, nos capítulos anteriores, esclarecer o maior número possível de assuntos ligados à nova legislação relativa aos domésticos, é evidente que sempre permanecem certos questionamentos e dúvidas. Em razão disso, veio-nos a ideia de acrescentar, neste último capítulo, na forma de perguntas e respostas, mais algumas explicações com o objetivo de melhor informar os que nos deram a honra de adquirir este despretensioso livro. É importante deixar bastante claro que não somos donos da verdade e, por óbvio, nossas opiniões que serão expostas a seguir apenas resultam da experiência vivida de um magistrado do trabalho que atuou na profissão por 30 anos, bem como decorrem de estudos e pesquisas de situações análogas registradas na jurisprudência dos tribunais do trabalho e nas obras de conceituados doutrinadores. Chamamos a atenção de que toda legislação nova está sujeita a sofrer, sempre, as mais variadas interpretações. O que hoje constitui a opinião pessoal do autor pode não se confirmar nos próximos meses e anos. Recomendamos, portanto, que os leitores fiquem atentos, em especial, ao que os referidos tribunais irão decidir de agora em diante.

12.1. Qual a diferença entre empregado doméstico e diarista? Há conveniência em optar por um deles?

Empregado doméstico, segundo definição legal contida no art. 1º da LC/150 é *"aquele que presta serviços de forma contínua, subordinada, onerosa e pessoal e de finalidade não lucrativa à pessoa ou à família, no âmbito residencial destas por mais de 2 (dois) dias por semana"*. Está amparado pela legislação trabalhista em vigor. O diarista, por sua vez, deve ser alguém que executa serviços *eventuais* (não contínuos, pois) e, em virtude disso, os dispositivos da CLT e de suas leis complementares não o alcançam. Como visto pela citada definição, a eventualidade nunca pode ser superior a dois dias por semana, sob pena de, ultrapassado o indicado limite, ficar caracterizada a relação de emprego. O contrato que os diaristas celebram, denominado *contrato de prestação de serviço,* apesar de oneroso e pessoal, não forma vínculo de subordinação e se rege pelos arts. 593 a 609 do Código Civil.

Antes da EC/72, já prevalecia no TST o entendimento de que o diarista deve, no máximo, trabalhar duas vezes por semana numa mesma residência. Alguns estudiosos sustentavam que o critério do número de vezes não seria o suficiente, mas não iremos nos estender sobre tal argumento. O fato é que a LC/150 sanou as possíveis dúvidas, fazendo prevalecer o criticado critério que vinha sendo adotado pelo TST na caracterização do que seja diarista.

A conveniência ou não de contratar um desses dois tipos de trabalhadores depende muito das necessidades e das condições financeiras do empregador. É claro que, no caso do diarista, não são devidos diversos encargos de natureza trabalhista e previdenciária. A família pequena e moderna, moradora num diminuto apartamento, em que o marido colabora bastante nas tarefas do lar, em geral se satisfaz em ter uma pessoa que compareça um ou dois dias na semana para fazer uma faxina, dispensando outros auxiliares. Não se compara, todavia, ao caso de uma família maior, residente numa ampla casa, se ambos os cônjuges trabalham fora, além de terem filhos menores e parentes idosos em sua companhia. A probabilidade de precisarem de empregados domésticos – babá, cuidador de idoso e cozinheira, em especial – é bem grande. Em suma, cada caso é um caso e a decisão deve ser tomada após cuidadosa avaliação.

12.2. **As horas de sono e descanso do(a) empregado(a) que dorme na casa onde trabalha serão computadas como horas de efetivo serviço ou consideradas à disposição do empregador? Tem direito ao adicional noturno?**

Recomendamos que seja feita a releitura do subitem 4.6. do quarto capítulo dedicado à jornada de trabalho (pág. 31). Ali prevenimos que é importante aguardar o que os tribunais trabalhistas irão decidir sobre certos aspectos inovadores introduzidos recentemente na legislação pertinente aos domésticos e qual será a tendência jurisprudencial que se verificará. Não há dúvida de que os problemas relativos às horas extras e ao controle da jornada vão gerar muita discussão antes que sejam firmadas posições consensuais. A lógica indica que, em princípio, seria absurdo contar como de serviço, ou à disposição do empregador, as horas de repouso. Por analogia, podemos considerar, no caso, o que interpretou o TST na Súmula n. 96 a respeito do marítimo. Os períodos de descanso deste, mesmo estando a bordo, não são computáveis, salvo se provado que ficou realmente à disposição ou que laborou em horas extras nos intervalos a que fazia jus.

Com base nas premissas acima, é fora de dúvida de que, *em tese*, quem está dormindo ou repousando não presta, nas horas respectivas, nenhum serviço nem está à disposição. Quanto a isso, aliás, o art. 11 da LC/150 prevê que *"Em relação ao empregado responsável por acompanhar o empregador prestando serviços em viagem, serão consideradas apenas as horas efetivamente trabalhadas no período, podendo ser compensadas as horas extraordinárias em outro dia, observado o art. 2º".* Esclareça-se que o citado § 2º determina que a remuneração da hora extra seja com o acréscimo mínimo de 25% sobre o valor da hora normal. O parágrafo seguinte (3º) faculta, mediante acordo, converter a hora extra em acréscimo no banco de horas. Vale lembrar que o acompanhamento do doméstico em viagem depende de prévio acordo escrito entre as partes. A extensão dessa norma aos que residem no local do trabalho nos parece perfeitamente cabível. Entretanto, pode ocorrer que o empregador ordene à babá que fique em permanente atenção durante toda a noite a fim de atender alguma criança ou, então, determine ao cuidador que socorra o idoso em eventual problema noturno. Nessas hipóteses, fica evidente que tais horas de descanso precisam ser remuneradas. O valor dessas horas extras está previsto no mencionado no indicado § 2º do mesmo art. 11 da LC/150, podendo ser a norma usada por analogia.

Caberia, também, no caso de trabalho à noite – em especial da babá e do cuidador de idoso - o pagamento de adicional noturno correspondente ao período das 22h às 05h do dia seguinte, que equivale a oito horas por causa da hora ficta noturna (ver subitem 4.6. do Capítulo 4 – pág. 31). Estão aí as soluções com referência à remuneração dos domésticos que residem, ou não, no local de trabalho e prestam serviços efetivos no horário noturno. Esperamos que os tribunais trabalhistas venham a adotá-las na ocorrência das hipóteses que aventamos.

12.3. **Também estaria à disposição em tempo integral o empregado que permanece sozinho na responsabilidade da casa durante o período de viagem dos patrões? E a situação é a mesma se o empregado os acompanha numa viagem?**

Parte das observações que fizemos na resposta do subitem anterior são aproveitáveis também aqui. Se o empregado fica sozinho num imóvel residencial – e a ele é atribuída toda a responsabilidade do que vier a ocorrer – torna-se evidente que tal pessoa encontra-se à disposição do empregador em tempo integral. As oito horas diárias de segunda a sexta-feira e as quatro horas de sábado já estariam remuneradas pelo salário mensal. Os tribunais trabalhistas, por certo, irão dar uma solução ao problema de como remunerar as horas excedentes. Continuo acreditando que aplicar, por analogia, o disposto no art. 11 da LC/150 e seus parágrafos seria uma opção bastante razoável.

12.4. **Pode ser pago ao doméstico um salário menor do que o mínimo se a carga horária é também menor?**

O inciso IV do art. 7º da CF/88 impõe que o salário mínimo tenha reajustes periódicos que lhe preservem o poder aquisitivo. Note-se que, quando o Governo Federal anualmente fixa um novo mínimo, em geral por medida provisória depois convertida em lei, sempre anuncia três valores: o mensal, o salário/dia e o salário/hora. Nunca pode ser desobedecido este último. Assim, caso o empregado tenha de cumprir uma jornada inferior a 8 (oito) horas diárias, não constitui ilegalidade remunerá-lo com um salário abaixo do mínimo *mensal*, desde que seja observada a proporcionalidade entre a jornada e o valor do salário/hora mínimo. Se ele, por exemplo, trabalha 4 (quatro) horas por dia e 22 (vinte e duas) horas por semana, poderia receber metade do salário/mês mínimo. A LC/150 sancionou a essa possibilidade de jornada menor ao disciplinar, no art. 3º, o trabalho em regime de tempo parcial. Estabeleceu, porém, no caso do doméstico, o mínimo de 25 horas semanais e o máximo de uma hora extra diária. O período de duração das férias é inferior ao que seria o normal, conforme § 3º do apontado artigo da LC. (p. 87 do Anexo I).

12.5. O que pode ser descontado no salário do doméstico além da contribuição previdenciária (INSS) e os 6% do vale-transporte?

O art. 462 da CLT, confirmando o caráter protecionista da legislação do trabalho, veda qualquer desconto no salário do empregado e, logo em seguida, relaciona, apenas, três exceções: adiantamento, se estiver previsto em lei ou se houver autorização em contrato coletivo. A jurisprudência, contudo, tratou de ampliar a lista. O TST, por meio da Súmula n. 342, admite algumas formas de desconto, contanto que o empregado dê sua autorização prévia e por escrito. Exemplificou os casos de planos de assistência odontológica, médico-hospitalar, de seguro e de previdência privada, bem como contribuições para entidades cooperativa, cultural e recreativa, em benefício próprio ou de seus dependentes. Serão declaradas nulas as autorizações caso seja provada a existência de coação ou de outro vício que impossibilite a livre manifestação da vontade. Os descontos que são permitidos ao empregador doméstico estão expressos no art. 18 e seus parágrafos da LC/150 que ratifica a vedação de abatimentos relativos a alimentação, vestuário, higiene e moradia (há uma exceção quanto a esta última), acrescentando as despesas com transporte e hospedagem quando o empregado acompanha o patrão em viagens. Repete, ainda, quase todas as hipóteses relacionadas na Súmula n. 342.

12.6. Quem pagava ao doméstico mais do que o salário mínimo pode, depois da EC/72, destacar o excedente e fazer constar que esse valor se destina a remunerar as horas extras prestadas?

Afirmamos, no subitem 3.3. do Capítulo 3, que é vedado o chamado salário complessivo, ou seja, se for devida mais de uma parcela no mês, terão de ser discriminadas, não podendo constar do recibo ou da folha de pagamento um valor total único abrangendo todas elas. A confirmação dessa proibição está clara na Súmula n. 91 do TST. Desse modo, caso um empregado já vinha recebendo, a título de salário mensal, uma importância superior ao mínimo legal, o valor respectivo não pode ser reduzido (inciso VI do art. 7º da CF/88). Destacar, posteriormente, a quantia excedente do mínimo, para atribuir outra destinação, implica diminuição do salário e, portanto, procedimento fraudulento, que viola a lei.

12.7. Com relação ao caseiro que reside em imóvel situado na praia ou no campo, no qual os proprietários pouco aparecem, pode-se dizer que ele permanece à disposição todas as 24 horas do dia de todos os dias?

A lógica e o bom-senso nos indicam que empregados desse tipo, como todo ser humano, necessitam de horas de repouso e alimentação. Não seria razoável, pois, interpretar que devem ser computadas, como de serviço ou à disposição, todas as horas do dia. Uma primeira medida, para resguardar possíveis divergências futuras entre as partes, seria a celebração de um contrato escrito, devendo nele constar, de modo expresso, as tarefas a serem executadas pelo caseiro e os horários para o cumprimento delas, controladas em livro ou folha de ponto, registradas as folgas em domingos e feriados. Haveria, ainda, uma cláusula deixando claro que o fato de residir no local de trabalho não implica que as horas reservadas ao descanso equivaleriam a horas consideradas à disposição do empregador. É evidente que tais providências não isentam totalmente os proprietários dos apontados imóveis de algum aborrecimento, em caso de litígio levado à Justiça. Um empregado desonesto (ou até por influência de um advogado) poderá afirmar, em juízo, que durante a noite ficava de "*sobreaviso*" ou de "*prontidão*" vigiando a casa. Se, de fato, for comprovado que o caseiro também exerce a função de vigia, a situação muda de figura. Caberiam aqui, então, as considerações que tecemos nos subitens 12.2. e 12.3 acima.

12.8. Se houver necessidade de trabalho aos domingos, pode ser negociada com o empregado a compensação, concedendo-se uma folga em outro dia da semana?

O repouso semanal remunerado deverá ser concedido *"preferencialmente"* aos domingos, conforme estabelece o inciso XV do art. 7º da CF/88. A Lei n. 605, de 05.01.1949, que regula o assunto (e que foi apontada pelo art. 19 da LC/150 como aplicável aos domésticos), impõe, no art. 9º, o pagamento em dobro no caso de labor nos *feriados*, para as atividades em que não for possível, em virtude das exigências técnicas das empresas, a suspensão do trabalho nesses dias. Ressalte-se que o TST, mediante a Súmula n. 146, já estendeu tal efeito ao serviço prestado aos domingos e o art. 16 da LC/150 já o incluiu expressamente. O próprio art. 9º, no final, dispõe sobre uma exceção: *"salvo se o empregador determinar outro dia de folga"*. O serviço doméstico, como se sabe, muitas vezes exige a execução de tarefas em dias que seriam reservados ao descanso. Não chega a ser uma exigência *"técnica"*, porém é uma clara necessidade nos lares. É legal, portanto, compensar o trabalho em domingos com uma folga em outro dia da semana. Recomenda-se, contudo, que se obedeça a preferência mencionada na lei, deixando a compensação para situações eventuais, sempre obtendo a concordância do empregado e observando sua conveniência.

12.9. É legal conceder um intervalo menor do que uma hora ou maior do que duas horas? Sendo o intervalo de duas horas, poderá ser dividido em dois de uma hora cada?

O art. 71 da CLT, em princípio, não admite que o intervalo seja menor do que uma hora, porém abre uma única exceção – § 3º do mesmo artigo – na hipótese em que a redução for autorizada pelo Ministério do Trabalho e que sejam obedecidas algumas condições, como possuir a empresa refeitório próprio, dentro das exigências legais de segurança e higiene, e também que os empregados não trabalhem em horas suplementares. Entretanto, o TST, por meio da Súmula n. 437, item II, entendeu que é inválida qualquer cláusula, até em acordo coletivo ou convenção coletiva, que suprima ou reduza o intervalo intrajornada, pois tal descanso, segundo texto do verbete, constitui uma medida de higiene, saúde e segurança, proteção assegurada no inciso XXII do art. 7º da CF/88. Por outro lado, o mesmo art. 71 permite a ampliação do intervalo, desde que isso esteja previsto em acordo escrito ou contrato coletivo. Satisfeita essa exigência, é legal o aumento do intervalo. Esperamos que os tribunais trabalhistas, em futuro próximo, deixem bem clara a possibilidade dessa flexibilização de referência aos domésticos. Por enquanto, o *caput* do art. 13 da LC/150 permite a redução do intervalo do doméstico para meia hora, exigindo apenas que haja acordo prévio por escrito. Foi autorizada, no § 1º do mesmo artigo, tão somente para os domésticos que residem no local de trabalho, a divisão do intervalo em dois períodos, contanto que um deles tenha a duração de, no mínimo, uma hora e que não seja ultrapassado, na soma, o limite máximo de 4 (quatro) horas de intervalo por dia.

12.10. É possível aplicar-se ao doméstico o sistema de 12 horas de trabalho por 36 horas de descanso?

A Súmula n. 444 do TST é bem clara em admitir o conhecido sistema 12x36, porém esclarece que: a) deve ser autorizado *"em caráter excepcional"*; b) será *"exclusivamente"* ajustado em acordo coletivo ou convenção coletiva; c) deverão ser remunerados em dobro os feriados trabalhados. A OJ n. 388 da SDI-I do TST estabelece que é devido o adicional noturno se a jornada estiver compreendida entre 22 horas de um dia e 5 horas do dia imediato. O art. 10 da LC/150 autorizou, de modo expresso, o uso desse sistema e até dispensou a necessidade da negociação coletiva. Manteve a exigência do cumprimento do intervalo intrajornada para repouso e alimentação, que deverá ser observado ou indenizado, considerando ainda como integrantes do salário as remunerações correspondentes aos domingos e feriados. O disposto no mencionado art. 10 da LC/150 contraria em dois pontos a Súmula n. 444 do TST: a) admite a indenização pela não concessão do intervalo para repouso e alimentação e b) não determina o pagamento em dobro dos feriados trabalhados, considerando, como visto, que sua remuneração estaria incluída no valor do salário. O citado artigo autoriza a compensação dos feriados e dos serviços executados em horário noturno. Recomendamos aguardar o posicionamento dos tribunais trabalhistas sobre maiores detalhes sobre a aplicação do 12x36 no tocante aos domésticos.

12.11. Considera-se empregado doméstico o vigia que presta serviços, à noite, a vários moradores de uma mesma rua?

O tema é discutível, mas há autores defendendo a natureza doméstica desse tipo de relação de emprego. Esclareça-se de logo que existe uma diferença entre o *vigia*, aquele que apenas circula com a finalidade de prevenir a aproximação de estranhos com intenção criminosa, e o *vigilante*, um profissional mais qualificado que recebe treinamento especial e tem licença para usar arma. Este segundo normalmente é ligado a uma empresa de segurança, nunca podendo ser caracterizado como doméstico. Somos de opinião que é possível a contratação de um *vigia* na condição de doméstico para servir a vários empregadores. A dificuldade maior é indagar: quem assina a CTPS? A solução que vem sendo proposta – mas que ainda não se consolidou como firme jurisprudência favorável dos tribunais trabalhistas – é no sentido de se criar um *consórcio de empregadores*, seguindo, por analogia, o modelo previsto pela Lei n. 10.256, de 09.07.2001, que alterou a Lei n. 2.212, aplicável aos empregadores rurais. Um dos moradores assinaria a CTPS do empregado e os demais firmariam um documento registrado em cartório assumindo a responsabilidade solidária pelos encargos trabalhistas. Sendo algo que foge à rotina, recomendamos buscar a orientação de um advogado.

12.12. Quando o empregador doméstico muda de residência e não leva o doméstico, o novo morador da casa ou apartamento se torna o sucessor? E, se o empregado vai trabalhar em outra residência de parente do primitivo empregador, existe continuidade do emprego?

Na primeira hipótese, há que se distinguir duas situações. Caso o imóvel seja vendido a um terceiro, este não deve ser considerado sucessor. Portanto, o empregador que se muda, e não tem interesse em manter o empregado, se obriga de despedi-lo e pagar-lhe todas as verbas rescisórias cabíveis. Um novo contrato deverá ser celebrado com o adquirente do imóvel. Se o comprador do mesmo imóvel é um parente do antigo empregador, nada impede que assuma, como sucessor, a continuidade da relação empregatícia, devendo ser anotada na CTPS tal circunstância. Vejamos agora o caso em que é o empregado que passa a trabalhar na residência de um parente do seu primeiro empregador. Informamos, de pronto, que, se isso vier a ocorrer, não se opera a sucessão, ou seja, o primitivo contrato terá de ser rescindido, com o pagamento das parcelas devidas, iniciando-se um novo contrato do doméstico com o parente que o admitiu.

12.13. A morte do empregador põe fim ao contrato de trabalho do doméstico?

A resposta tem de ser: depende. O § 2º do art. 483 da CLT dispõe que, em caso de morte do empregador constituído em empresa individual, é facultado ao empregado rescindir o contrato de trabalho. Embora não haja disciplina expressa na LC/150 sobre o assunto, acreditamos que os tribunais trabalhistas, muito provavelmente, vão interpretar que o indicado dispositivo deverá ser aplicado, por analogia, ao doméstico. Assim, em princípio, entendemos que, no caso de falecimento do empregador doméstico, o empregado pode (é faculdade sua) considerar-se dispensado e reivindicar as verbas cabíveis. Situação diversa ocorre quando um dos herdeiros ou sucessores, em geral morador na mesma residência, resolve assumir a responsabilidade pelo doméstico, o qual deve expressar sua concordância. Nessa hipótese, das duas uma: a) ou ele paga todas as parcelas rescisórias, quitando o período anterior, podendo, então, celebrar um novo contrato; b) ou registra uma anotação na CTPS do empregado, deixando claro que, a partir do dia seguinte ao óbito, passou a ser o novo empregador, assumindo as obrigações trabalhistas, vencidas e vincendas.

12.14. Porteiros, zeladores, faxineiros e serventes de condomínios são considerados domésticos?

Existe uma antiga Lei – n. 2.757, de 23.04.1956 – que regulamenta os assuntos ligados aos condomínios, na qual consta, de modo expresso, uma norma excluindo os apontados profissionais da condição de doméstico. Eles, porém, fazem jus a todos os direitos trabalhistas previstos na CLT e leis complementares.

12.15. É confiável contratar domésticos indicados por empresas especializadas em agenciar essa intermediação?

Uma primeira recomendação é pesquisar, como muito cuidado, o conceito que goza a empresa. Se algum parente, amigo ou conhecido já se utilizou de seus serviços e nada tem a reclamar, isso constitui um bom sinal de que se deve confiar. Não esquecer que a internet atualmente é também uma fonte de consulta, desde que se tenha certa cautela. Diante de alguns abusos e fraudes cometidos no passado e que ainda aparecem no presente, foi aprovada a Lei n. 7.195, de 12.06.1984, a qual tem apenas quatro artigos. No primeiro, responsabiliza civilmente as agências especializadas na indicação de empregados domésticos por atos ilícitos cometidos no desempenho de suas atividades e, no segundo, exige que entre a empresa e o interessado seja firmado um contrato escrito em que a agência se obrigue, durante um ano, a reparar qualquer dano que venha a ser praticado pelo empregado contratado. Está aí – se a empresa for séria – uma garantia de que o empregador poderá ser ressarcido em caso de algum prejuízo provocado pelo doméstico.

12.16. A EC-72, ao modificar o parágrafo único do art. 7º da CF/88, não se referiu ao inciso XXIX. Qual é, então, a prescrição a ser observada na relação empregatícia do doméstico?

A LC/150, no art. 43, sanou a omissão, fixando os mesmos prazos já previstos no texto constitucional, ou seja, 5 (cinco) anos no curso do contrato e 2 (dois) anos a partir da extinção do contrato.

12.17. A contribuição previdenciária e o FGTS incidem sobre o adicional de 1/3 das férias?

A resposta é positiva. O art. 214 do Decreto n. 3.048, de 06.05.1999, que regulamenta as leis que tratam da Previdência Social, relaciona, de modo taxativo, as parcelas que estão excluídas do denominado *salário de contribuição,* sobre o qual incide o percentual da obrigação previdenciária. O adicional de 1/3 das férias, pago no gozo destas, não está citado, porém o inciso IV do § 9 º do mesmo artigo menciona as férias *indenizadas*, inclusive o adicional, e o inciso V, *i,* o abono de férias.

No tocante ao FGTS, o parágrafo único do art. 27 do Decreto n. 99.684, de 08.11.1990, apenas exclui de sua incidência o valor relativo ao vale-transporte e os gastos efetuados com bolsas de aprendizagem.

12.18. Se o empregado apresentar reclamação na Justiça do Trabalho, o empregador pode ser representado na audiência por um preposto?

Como se vem observando, este livro informa a respeito de Direito Material do Trabalho e a pergunta está relacionada a Direito Processual do Trabalho. Não custa, porém, esclarecer o assunto em poucas palavras. A CLT, no § 1º do art. 843, diz que o preposto deve ser alguém *"que tenha conhecimento do fato"*. O TST, contudo, por meio da Súmula n. 377, passou a exigir também que seja empregado, acrescentando duas exceções: ser a reclamação promovida por doméstico ou contra micro ou pequeno empresário. Como se vê, não há obrigatoriedade de o empregador comparecer pessoalmente. Recomenda-se que vá à audiência, para representá-lo, uma pessoa maior de 18 anos que resida na mesma casa ou apartamento e que tenha ciência dos fatos ligados ao doméstico reclamante.

12.19. Se o candidato ou candidata ao emprego de doméstico(a) é analfabeto(a), o que deve ser feito no lugar da assinatura do contrato?

O Código Civil, ao tratar do contrato de prestação de serviço no art. 595, prevê que o instrumento contratual, no caso de uma das partes ser analfabeta, pode ser assinado a rogo por outra pessoa, sendo subscrito por duas testemunhas. No caso do doméstico esse dispositivo legal deverá ser aplicado por analogia. Se o empregador quiser ter mais segurança, embora a lei não preveja, poderá colher a impressão digital do empregado no documento.

12.20. No caso de uma empregada que adota uma criança ou assume sua guarda, o salário-maternidade será pago tanto a ela como à mãe biológica?

A lei proíbe o pagamento em duplicidade do indicado benefício. O § 2º do art. 71-A da Lei n. 8.213/91 é muito claro nesse ponto: *"Ressalvado o pagamento do salário-maternidade à mãe biológica e o disposto no art. 71-B, não poderá ser concedido o benefício a mais de um segurado, decorrente do mesmo processo de adoção ou guarda, ainda que os cônjuges ou companheiros estejam submetidos a Regime Próprio de Previdência Social.* O citado art. 71-B tem a seguinte redação: *"No caso de falecimento da segurada ou segurado que fizer jus ao recebimento do salário-maternidade, o benefício será pago, por todo o período ou pelo tempo restante a que teria direito, ao cônjuge ou companheiro sobrevivente que tenha a qualidade de segurado, exceto no caso do falecimento do filho ou de seu abandono, observadas as normas aplicáveis ao salário-maternidade".* Curioso é acrescentar que, na hipótese de casais do mesmo sexo (as tais uniões homoafetivas), não pode ser pago o salário-maternidade aos dois ou às duas parceiros(as). Observe-se que o texto legal faz referência aos *"cônjuges ou companheiros"*.

OBSERVAÇÃO – Após a publicação deste livro, é claro que o autor espera surgirem muitas outras dúvidas e se coloca à disposição dos leitores para respondê-las pelo e-mail racpinto@uol.com.br. Se a obra alcançar uma segunda edição, promete ampliar este capítulo, aproveitando indagações e sugestões dos que lhe derem a honra da consulta.

ANEXO I
Legislação Pertinente ao Doméstico

Anexo I

Lei Complementar n. 150, de 1º de Junho de 2015

Dispõe sobre o contrato de trabalho doméstico; altera as Leis nº 8.212, de 24 de julho de 1991, nº 8.213, de 24 de julho de 1991, e nº 11.196, de 21 de novembro de 2005; revoga o inciso I do art. 3º da Lei nº 8.009, de 29 de março de 1990, o art. 36 da Lei nº 8.213, de 24 de julho de 1991, a Lei nº 5.859, de 11 de dezembro de 1972, e o inciso VII do art. 12 da Lei nº 9.250, de 26 de dezembro 1995; e dá outras providências.

A PRESIDENTA DA REPÚBLICA Faço saber que o Congresso Nacional decreta e eu sanciono a seguinte Lei Complementar:

CAPÍTULO I
DO CONTRATO DE TRABALHO DOMÉSTICO

Art. 1º Ao empregado doméstico, assim considerado aquele que presta serviços de forma contínua, subordinada, onerosa e pessoal e de finalidade não lucrativa à pessoa ou à família, no âmbito residencial destas, por mais de 2 (dois) dias por semana, aplica-se o disposto nesta Lei.

Parágrafo único. É vedada a contratação de menor de 18 (dezoito) anos para desempenho de trabalho doméstico, de acordo com a Convenção nº 182, de 1999, da Organização Internacional do Trabalho (OIT) e com o Decreto nº 6.481, de 12 de junho de 2008.

Art. 2º A duração normal do trabalho doméstico não excederá 8 (oito) horas diárias e 44 (quarenta e quatro) semanais, observado o disposto nesta Lei.

§ 1º A remuneração da hora extraordinária será, no mínimo, 50% (cinquenta por cento) superior ao valor da hora normal.

§ 2º O salário-hora normal, em caso de empregado mensalista, será obtido dividindo-se o salário mensal por 220 (duzentas e vinte) horas, salvo se o contrato estipular jornada mensal inferior que resulte em divisor diverso.

§ 3º O salário-dia normal, em caso de empregado mensalista, será obtido dividindo-se o salário mensal por 30 (trinta) e servirá de base para pagamento do repouso remunerado e dos feriados trabalhados.

§ 4º Poderá ser dispensado o acréscimo de salário e instituído regime de compensação de horas, mediante acordo escrito entre empregador e empregado, se o excesso de horas de um dia for compensado em outro dia.

§ 5º No regime de compensação previsto no § 4º:

I – será devido o pagamento, como horas extraordinárias, na forma do § 1º, das primeiras 40 (quarenta) horas mensais excedentes ao horário normal de trabalho;

II – das 40 (quarenta) horas referidas no inciso I, poderão ser deduzidas, sem o correspondente pagamento, as horas não trabalhadas, em função de redução do horário normal de trabalho ou de dia útil não trabalhado, durante o mês;

III – o saldo de horas que excederem as 40 (quarenta) primeiras horas mensais de que trata o inciso I, com a dedução prevista no inciso II, quando for o caso, será compensado no período máximo de 1 (um) ano.

§ 6º Na hipótese de rescisão do contrato de trabalho sem que tenha havido a compensação integral da jornada extraordinária, na forma do § 5º, o empregado fará jus ao pagamento das horas extras não compensadas, calculadas sobre o valor da remuneração na data de rescisão.

§ 7º Os intervalos previstos nesta Lei, o tempo de repouso, as horas não trabalhadas, os feriados e os domingos livres em que o empregado que mora no local de trabalho nele permaneça não serão computados como horário de trabalho.

§ 8º O trabalho não compensado prestado em domingos e feriados deve ser pago em dobro, sem prejuízo da remuneração relativa ao repouso semanal.

Art. 3º Considera-se trabalho em regime de tempo parcial aquele cuja duração não exceda 25 (vinte e cinco) horas semanais.

§ 1º O salário a ser pago ao empregado sob regime de tempo parcial será proporcional a sua jornada, em relação ao empregado que cumpre, nas mesmas funções, tempo integral.

§ 2º A duração normal do trabalho do empregado em regime de tempo parcial poderá ser acrescida de horas suplementares, em número não excedente a 1 (uma) hora diária, mediante acordo escrito entre empregador e empregado, aplicando-se-lhe, ainda, o disposto nos §§ 2º e 3º do art. 2º, com o limite máximo de 6 (seis) horas diárias.

§ 3º Na modalidade do regime de tempo parcial, após cada período de 12 (doze) meses de vigência do contrato de trabalho, o empregado terá direito a férias, na seguinte proporção:

I – 18 (dezoito) dias, para a duração do trabalho semanal superior a 22 (vinte e duas) horas, até 25 (vinte e cinco) horas;

II – 16 (dezesseis) dias, para a duração do trabalho semanal superior a 20 (vinte) horas, até 22 (vinte e duas) horas;

III – 14 (quatorze) dias, para a duração do trabalho semanal superior a 15 (quinze) horas, até 20 (vinte) horas;

IV – 12 (doze) dias, para a duração do trabalho semanal superior a 10 (dez) horas, até 15 (quinze) horas;

V – 10 (dez) dias, para a duração do trabalho semanal superior a 5 (cinco) horas, até 10 (dez) horas;

VI – 8 (oito) dias, para a duração do trabalho semanal igual ou inferior a 5 (cinco) horas.

Art. 4º É facultada a contratação, por prazo determinado, do empregado doméstico:

I – mediante contrato de experiência;

II – para atender necessidades familiares de natureza transitória e para substituição temporária de empregado doméstico com contrato de trabalho interrompido ou suspenso.

Parágrafo único. No caso do inciso II deste artigo, a duração do contrato de trabalho é limitada ao término do evento que motivou a contratação, obedecido o limite máximo de 2 (dois) anos.

Art. 5º O contrato de experiência não poderá exceder 90 (noventa) dias.

§ 1º O contrato de experiência poderá ser prorrogado 1 (uma) vez, desde que a soma dos 2 (dois) períodos não ultrapasse 90 (noventa) dias.

§ 2º O contrato de experiência que, havendo continuidade do serviço, não for prorrogado após o decurso de seu prazo previamente estabelecido ou que ultrapassar o período de 90 (noventa) dias passará a vigorar como contrato de trabalho por prazo indeterminado.

Art. 6º Durante a vigência dos contratos previstos nos incisos I e II do art. 4º, o empregador que, sem justa causa, despedir o empregado é obrigado a pagar-lhe, a título de indenização, metade da remuneração a que teria direito até o termo do contrato.

Art. 7º Durante a vigência dos contratos previstos nos incisos I e II do art. 4º, o empregado não poderá se desligar do contrato sem justa causa, sob pena de ser obrigado a indenizar o empregador dos prejuízos que desse fato lhe resultarem.

Parágrafo único. A indenização não poderá exceder aquela a que teria direito o empregado em idênticas condições.

Art. 8º Durante a vigência dos contratos previstos nos incisos I e II do art. 4º, não será exigido aviso prévio.

Art. 9º A Carteira de Trabalho e Previdência Social será obrigatoriamente apresentada, contra recibo, pelo empregado ao empregador que o admitir, o qual terá o prazo de 48 (quarenta e oito) horas para nela anotar, especificamente, a data de admissão, a remuneração e, quando for o caso, os contratos previstos nos incisos I e II do art. 4º.

Art. 10. É facultado às partes, mediante acordo escrito entre essas, estabelecer horário de trabalho de 12 (doze) horas seguidas por 36 (trinta e seis) horas ininterruptas de descanso, observados ou indenizados os intervalos para repouso e alimentação.

§ 1º A remuneração mensal pactuada pelo horário previsto no *caput* deste artigo abrange os pagamentos devidos pelo descanso semanal remunerado e pelo descanso em feriados, e serão considerados compensados os feriados e as prorrogações de trabalho noturno, quando houver, de que tratam o art. 70 e o § 5º do art. 73 da Consolidação das Leis do Trabalho (CLT), aprovada pelo Decreto-Lei nº 5.452, de 1º de maio de 1943, e o art. 9º da Lei nº 605, de 5 de janeiro de 1949.

§ 2º (VETADO).

Art. 11. Em relação ao empregado responsável por acompanhar o empregador prestando serviços em viagem, serão consideradas apenas as horas efetivamente trabalhadas no período, podendo ser compensadas as horas extraordinárias em outro dia, observado o art. 2º.

§ 1º O acompanhamento do empregador pelo empregado em viagem será condicionado à prévia existência de acordo escrito entre as partes.

§ 2º A remuneração-hora do serviço em viagem será, no mínimo, 25% (vinte e cinco por cento) superior ao valor do salário-hora normal.

§ 3º O disposto no § 2º deste artigo poderá ser, mediante acordo, convertido em acréscimo no banco de horas, a ser utilizado a critério do empregado.

Art. 12. É obrigatório o registro do horário de trabalho do empregado doméstico por qualquer meio manual, mecânico ou eletrônico, desde que idôneo.

Art. 13. É obrigatória a concessão de intervalo para repouso ou alimentação pelo período de, no mínimo, 1 (uma) hora e, no máximo, 2 (duas) horas, admitindo-se, mediante prévio acordo escrito entre empregador e empregado, sua redução a 30 (trinta) minutos.

§ 1º Caso o empregado resida no local de trabalho, o período de intervalo poderá ser desmembrado em 2 (dois) períodos, desde que cada um deles tenha, no mínimo, 1 (uma) hora, até o limite de 4 (quatro) horas ao dia.

§ 2º Em caso de modificação do intervalo, na forma do § 1º, é obrigatória a sua anotação no registro diário de horário, vedada sua prenotação.

Art. 14. Considera-se noturno, para os efeitos desta Lei, o trabalho executado entre as 22 horas de um dia e as 5 horas do dia seguinte.

§ 1º A hora de trabalho noturno terá duração de 52 (cinquenta e dois) minutos e 30 (trinta) segundos.

§ 2º A remuneração do trabalho noturno deve ter acréscimo de, no mínimo, 20% (vinte por cento) sobre o valor da hora diurna.

§ 3º Em caso de contratação, pelo empregador, de empregado exclusivamente para desempenhar trabalho noturno, o acréscimo será calculado sobre o salário anotado na Carteira de Trabalho e Previdência Social.

§ 4º Nos horários mistos, assim entendidos os que abrangem períodos diurnos e noturnos, aplica-se às horas de trabalho noturno o disposto neste artigo e seus parágrafos.

Art. 15. Entre 2 (duas) jornadas de trabalho deve haver período mínimo de 11 (onze) horas consecutivas para descanso.

Art. 16. É devido ao empregado doméstico descanso semanal remunerado de, no mínimo, 24 (vinte e quatro) horas consecutivas, preferencialmente aos domingos, além de descanso remunerado em feriados.

Art. 17. O empregado doméstico terá direito a férias anuais remuneradas de 30 (trinta) dias, salvo o disposto no § 3º do art. 3º, com acréscimo de, pelo menos, um terço do salário normal, após cada período de 12 (doze) meses de trabalho prestado à mesma pessoa ou família.

§ 1º Na cessação do contrato de trabalho, o empregado, desde que não tenha sido demitido por justa causa, terá direito à remuneração relativa ao período incompleto de férias, na proporção de um doze avos por mês de serviço ou fração superior a 14 (quatorze) dias.

§ 2º O período de férias poderá, a critério do empregador, ser fracionado em até 2 (dois) períodos, sendo 1 (um) deles de, no mínimo, 14 (quatorze) dias corridos.

§ 3º É facultado ao empregado doméstico converter um terço do período de férias a que tiver direito em abono pecuniário, no valor da remuneração que lhe seria devida nos dias correspondentes.

§ 4º O abono de férias deverá ser requerido até 30 (trinta) dias antes do término do período aquisitivo.

§ 5º É lícito ao empregado que reside no local de trabalho nele permanecer durante as férias.

§ 6º As férias serão concedidas pelo empregador nos 12 (doze) meses subsequentes à data em que o empregado tiver adquirido o direito.

Art. 18. É vedado ao empregador doméstico efetuar descontos no salário do empregado por fornecimento de alimentação, vestuário, higiene ou moradia, bem como por despesas com transporte, hospedagem e alimentação em caso de acompanhamento em viagem.

§ 1º É facultado ao empregador efetuar descontos no salário do empregado em caso de adiantamento salarial e, mediante acordo escrito entre as partes, para a inclusão do empregado em planos de assistência médico-hospitalar e odontológica, de seguro e de previdência privada, não podendo a dedução ultrapassar 20% (vinte por cento) do salário.

§ 2º Poderão ser descontadas as despesas com moradia de que trata o *caput* deste artigo quando essa se referir a local diverso da residência em que ocorrer a prestação de serviço, desde que essa possibilidade tenha sido expressamente acordada entre as partes.

§ 3º As despesas referidas no *caput* deste artigo não têm natureza salarial nem se incorporam à remuneração para quaisquer efeitos.

§ 4º O fornecimento de moradia ao empregado doméstico na própria residência ou em morada anexa, de qualquer natureza, não gera ao empregado qualquer direito de posse ou de propriedade sobre a referida moradia.

Art. 19. Observadas as peculiaridades do trabalho doméstico, a ele também se aplicam as Leis nº 605, de 5 de janeiro de 1949, nº 4.090, de 13 de julho de 1962, nº 4.749, de 12 de agosto de 1965, e nº 7.418, de 16 de dezembro de 1985, e, subsidiariamente, a Consolidação das Leis do Trabalho (CLT), aprovada pelo Decreto-Lei nº 5.452, de 1º de maio de 1943.

Parágrafo único. A obrigação prevista no art. 4º da Lei nº 7.418, de 16 de dezembro de 1985, poderá ser substituída, a critério do empregador, pela concessão, mediante recibo, dos valores para a aquisição das passagens necessárias ao custeio das despesas decorrentes do deslocamento residência-trabalho e vice-versa.

Art. 20. O empregado doméstico é segurado obrigatório da Previdência Social, sendo-lhe devidas, na forma da Lei nº 8.213, de 24 de julho de 1991, as prestações nela arroladas, atendido o disposto nesta Lei e observadas as características especiais do trabalho doméstico.

Art. 21. É devida a inclusão do empregado doméstico no Fundo de Garantia do Tempo de Serviço (FGTS), na forma do regulamento a ser editado pelo Conselho Curador e pelo agente operador do FGTS, no âmbito de suas competências, conforme disposto nos arts. 5º e 7º da Lei nº 8.036, de 11 de maio de 1990, inclusive no que tange aos aspectos técnicos de depósitos, saques, devolução de valores e emissão de extratos, entre outros determinados na forma da lei.

Parágrafo único. O empregador doméstico somente passará a ter obrigação de promover a inscrição e de efetuar os recolhimentos referentes a seu empregado após a entrada em vigor do regulamento referido no *caput*.

Art. 22. O empregador doméstico depositará a importância de 3,2% (três inteiros e dois décimos por cento) sobre a remuneração devida, no mês anterior, a cada empregado, destinada ao pagamento da indenização compensatória da perda do emprego, sem justa causa ou por culpa do empregador, não se aplicando ao empregado doméstico o disposto nos §§ 1º a 3º do art. 18 da Lei nº 8.036, de 11 de maio de 1990.

§ 1º Nas hipóteses de dispensa por justa causa ou a pedido, de término do contrato de trabalho por prazo determinado, de aposentadoria e de falecimento do empregado doméstico, os valores previstos no *caput* serão movimentados pelo empregador.

§ 2º Na hipótese de culpa recíproca, metade dos valores previstos no *caput* será movimentada pelo empregado, enquanto a outra metade será movimentada pelo empregador.

§ 3º Os valores previstos no *caput* serão depositados na conta vinculada do empregado, em variação distinta daquela em que se encontrarem os valores oriundos dos depósitos de que trata o inciso IV do art. 34 desta Lei, e somente poderão ser movimentados por ocasião da rescisão contratual.

§ 4º À importância monetária de que trata o *caput*, aplicam-se as disposições da Lei nº 8.036, de 11 de maio de 1990, e da Lei nº 8.844, de 20 de janeiro de 1994, inclusive quanto a sujeição passiva e equiparações, prazo de recolhimento, administração, fiscalização, lançamento, consulta, cobrança, garantias, processo administrativo de determinação e exigência de créditos tributários federais.

Art. 23. Não havendo prazo estipulado no contrato, a parte que, sem justo motivo, quiser rescindi-lo deverá avisar a outra de sua intenção.

§ 1º O aviso prévio será concedido na proporção de 30 (trinta) dias ao empregado que conte com até 1 (um) ano de serviço para o mesmo empregador.

§ 2º Ao aviso prévio previsto neste artigo, devido ao empregado, serão acrescidos 3 (três) dias por ano de serviço prestado para o mesmo empregador, até o máximo de 60 (sessenta) dias, perfazendo um total de até 90 (noventa) dias.

§ 3º A falta de aviso prévio por parte do empregador dá ao empregado o direito aos salários correspondentes ao prazo do aviso, garantida sempre a integração desse período ao seu tempo de serviço.

§ 4º A falta de aviso prévio por parte do empregado dá ao empregador o direito de descontar os salários correspondentes ao prazo respectivo.

§ 5º O valor das horas extraordinárias habituais integra o aviso prévio indenizado.

Art. 24. O horário normal de trabalho do empregado durante o aviso-prévio, quando a rescisão tiver sido promovida pelo empregador, será reduzido de 2 (duas) horas diárias, sem prejuízo do salário integral.

Parágrafo único. É facultado ao empregado trabalhar sem a redução das 2 (duas) horas diárias previstas no *caput* deste artigo, caso em que poderá faltar ao serviço, sem prejuízo do salário integral, por 7 (sete) dias corridos, na hipótese dos §§ 1º e 2º do art. 23.

Art. 25. A empregada doméstica gestante tem direito a licença-maternidade de 120 (cento e vinte) dias, sem prejuízo do emprego e do salário, nos termos da Seção V do Capítulo III do Título III da Consolidação das Leis do Trabalho (CLT), aprovada pelo Decreto-Lei nº 5.452, de 1º de maio de 1943.

Parágrafo único. A confirmação do estado de gravidez durante o curso do contrato de trabalho, ainda que durante o prazo do aviso prévio trabalhado ou indenizado, garante à empregada gestante a estabilidade provisória prevista na alínea "b" do inciso II do art. 10 do Ato das Disposições Constitucionais Transitórias.

Art. 26. O empregado doméstico que for dispensado sem justa causa fará jus ao benefício do seguro-desemprego, na forma da Lei nº 7.998, de 11 de janeiro de 1990, no valor de 1 (um) salário-mínimo, por período máximo de 3 (três) meses, de forma contínua ou alternada.

§ 1º O benefício de que trata o *caput* será concedido ao empregado nos termos do regulamento do Conselho Deliberativo do Fundo de Amparo ao Trabalhador (Codefat).

§ 2º O benefício do seguro-desemprego será cancelado, sem prejuízo das demais sanções cíveis e penais cabíveis:

I – pela recusa, por parte do trabalhador desempregado, de outro emprego condizente com sua qualificação registrada ou declarada e com sua remuneração anterior;

II – por comprovação de falsidade na prestação das informações necessárias à habilitação;

III – por comprovação de fraude visando à percepção indevida do benefício do seguro-desemprego; ou

IV – por morte do segurado.

Art. 27. Considera-se justa causa para os efeitos desta Lei:

I – submissão a maus tratos de idoso, de enfermo, de pessoa com deficiência ou de criança sob cuidado direto ou indireto do empregado;

II – prática de ato de improbidade;

III – incontinência de conduta ou mau procedimento;

IV – condenação criminal do empregado transitada em julgado, caso não tenha havido suspensão da execução da pena;

V – desídia no desempenho das respectivas funções;

VI – embriaguez habitual ou em serviço;

VII – (VETADO);

VIII – ato de indisciplina ou de insubordinação;

IX – abandono de emprego, assim considerada a ausência injustificada ao serviço por, pelo menos, 30 (trinta) dias corridos;

X – ato lesivo à honra ou à boa fama ou ofensas físicas praticadas em serviço contra qualquer pessoa, salvo em caso de legítima defesa, própria ou de outrem;

XI – ato lesivo à honra ou à boa fama ou ofensas físicas praticadas contra o empregador doméstico ou sua família, salvo em caso de legítima defesa, própria ou de outrem;

XII – prática constante de jogos de azar.

Parágrafo único. O contrato de trabalho poderá ser rescindido por culpa do empregador quando:

I – o empregador exigir serviços superiores às forças do empregado doméstico, defesos por lei, contrários aos bons costumes ou alheios ao contrato;

II – o empregado doméstico for tratado pelo empregador ou por sua família com rigor excessivo ou de forma degradante;

III – o empregado doméstico correr perigo manifesto de mal considerável;

IV – o empregador não cumprir as obrigações do contrato;

V – o empregador ou sua família praticar, contra o empregado doméstico ou pessoas de sua família, ato lesivo à honra e à boa fama;

VI – o empregador ou sua família ofender o empregado doméstico ou sua família fisicamente, salvo em caso de legítima defesa, própria ou de outrem;

VII – o empregador praticar qualquer das formas de violência doméstica ou familiar contra mulheres de que trata o art. 5º da Lei nº 11.340, de 7 de agosto de 2006.

Art. 28. Para se habilitar ao benefício do seguro-desemprego, o trabalhador doméstico deverá apresentar ao órgão competente do Ministério do Trabalho e Emprego:

I – Carteira de Trabalho e Previdência Social, na qual deverão constar a anotação do contrato de trabalho doméstico e a data de dispensa, de modo a comprovar o vínculo empregatício, como empregado doméstico, durante pelo menos 15 (quinze) meses nos últimos 24 (vinte e quatro) meses;

II – termo de rescisão do contrato de trabalho;

III – declaração de que não está em gozo de benefício de prestação continuada da Previdência Social, exceto auxílio-acidente e pensão por morte; e

IV – declaração de que não possui renda própria de qualquer natureza suficiente à sua manutenção e de sua família.

Art. 29. O seguro-desemprego deverá ser requerido de 7 (sete) a 90 (noventa) dias contados da data de dispensa.

Art. 30. Novo seguro-desemprego só poderá ser requerido após o cumprimento de novo período aquisitivo, cuja duração será definida pelo Codefat.

CAPÍTULO II
DO SIMPLES DOMÉSTICO

Art. 31. É instituído o regime unificado de pagamento de tributos, de contribuições e dos demais encargos do empregador doméstico (Simples Doméstico), que deverá ser regulamentado no prazo de 120 (cento e vinte) dias a contar da data de entrada em vigor desta Lei.

Art. 32. A inscrição do empregador e a entrada única de dados cadastrais e de informações trabalhistas, previdenciárias e fiscais no âmbito do Simples Doméstico dar-se-ão mediante registro em sistema eletrônico a ser disponibilizado em portal na internet, conforme regulamento.

Parágrafo único. A impossibilidade de utilização do sistema eletrônico será objeto de regulamento, a ser editado pelo Ministério da Fazenda e pelo agente operador do FGTS.

Art. 33. O Simples Doméstico será disciplinado por ato conjunto dos Ministros de Estado da Fazenda, da Previdência Social e do Trabalho e Emprego que disporá sobre a apuração, o recolhimento e a distribuição dos recursos recolhidos por meio do Simples Doméstico, observadas as disposições do art. 21 desta Lei.

§ 1º O ato conjunto a que se refere o *caput* deverá dispor também sobre o sistema eletrônico de registro das obrigações trabalhistas, previdenciárias e fiscais e sobre o cálculo e o recolhimento dos tributos e encargos trabalhistas vinculados ao Simples Doméstico.

§ 2º As informações prestadas no sistema eletrônico de que trata o § 1º:

I – têm caráter declaratório, constituindo instrumento hábil e suficiente para a exigência dos tributos e encargos trabalhistas delas resultantes e que não tenham sido recolhidos no prazo consignado para pagamento; e

II – deverão ser fornecidas até o vencimento do prazo para pagamento dos tributos e encargos trabalhistas devidos no Simples Doméstico em cada mês, relativamente aos fatos geradores ocorridos no mês anterior.

§ 3º O sistema eletrônico de que trata o § 1º deste artigo e o sistema de que trata o *caput* do art. 32 substituirão, na forma regulamentada pelo ato conjunto previsto no *caput*, a obrigatoriedade de entrega de todas as informações, formulários e declarações a que estão sujeitos os empregadores domésticos, inclusive os relativos ao recolhimento do FGTS.

Art. 34. O Simples Doméstico assegurará o recolhimento mensal, mediante documento único de arrecadação, dos seguintes valores:

I – 8% (oito por cento) a 11% (onze por cento) de contribuição previdenciária, a cargo do segurado empregado doméstico, nos termos do art. 20 da Lei nº 8.212, de 24 de julho de 1991;

II – 8% (oito por cento) de contribuição patronal previdenciária para a seguridade social, a cargo do empregador doméstico, nos termos do art. 24 da Lei nº 8.212, de 24 de julho de 1991;

III – 0,8% (oito décimos por cento) de contribuição social para financiamento do seguro contra acidentes do trabalho;

IV – 8% (oito por cento) de recolhimento para o FGTS;

V – 3,2% (três inteiros e dois décimos por cento), na forma do art. 22 desta Lei; e

VI – imposto sobre a renda retido na fonte de que trata o inciso I do art. 7º da Lei nº 7.713, de 22 de dezembro de 1988, se incidente.

§ 1º As contribuições, os depósitos e o imposto arrolados nos incisos I a VI incidem sobre a remuneração paga ou devida no mês anterior, a cada empregado, incluída na remuneração a gratificação de Natal a que se refere a Lei nº 4.090, de 13 de julho de 1962, e a Lei nº 4.749, de 12 de agosto de 1965.

§ 2º A contribuição e o imposto previstos nos incisos I e VI do *caput* deste artigo serão descontados da remuneração do empregado pelo empregador, que é responsável por seu recolhimento.

§ 3º O produto da arrecadação das contribuições, dos depósitos e do imposto de que trata o *caput* será centralizado na Caixa Econômica Federal.

§ 4º A Caixa Econômica Federal, com base nos elementos identificadores do recolhimento, disponíveis no sistema de que trata o § 1º do art. 33, transferirá para a Conta Única do Tesouro Nacional o valor arrecadado das contribuições e do imposto previstos nos incisos I, II, III e VI do *caput*.

§ 5º O recolhimento de que trata o *caput* será efetuado em instituições financeiras integrantes da rede arrecadadora de receitas federais.

§ 6º O empregador fornecerá, mensalmente, ao empregado doméstico cópia do documento previsto no *caput*.

§ 7º O recolhimento mensal, mediante documento único de arrecadação, e a exigência das contribuições, dos depósitos e do imposto, nos valores definidos nos incisos I a VI do *caput*, somente serão devidos após 120 (cento e vinte) dias da data de publicação desta Lei.

Art. 35. O empregador doméstico é obrigado a pagar a remuneração devida ao empregado doméstico e a arrecadar e a recolher a contribuição prevista no inciso I do art. 34, assim como a arrecadar e a recolher as contribuições, os depósitos e o imposto a seu cargo discriminados nos incisos II, III, IV, V e VI do *caput* do art. 34, até o dia 7 do mês seguinte ao da competência.

§ 1º Os valores previstos nos incisos I, II, III e VI do *caput* do art. 34 não recolhidos até a data de vencimento sujeitar-se-ão à incidência de encargos legais na forma prevista na legislação do imposto sobre a renda.

§ 2º Os valores previstos nos incisos IV e V, referentes ao FGTS, não recolhidos até a data de vencimento serão corrigidos e terão a incidência da respectiva multa, conforme a Lei nº 8.036, de 11 de maio de 1990.

CAPÍTULO III
DA LEGISLAÇÃO PREVIDENCIÁRIA E TRIBUTÁRIA

Art. 36. O inciso V do art. 30 da Lei nº 8.212, de 24 de julho de 1991, passa a vigorar com a seguinte redação:

"Art.30..

....

V – o empregador doméstico é obrigado a arrecadar e a recolher a contribuição do segurado empregado a seu serviço, assim como a parcela a seu cargo, até o dia 7 do mês seguinte ao da competência;

...." (NR)

Art. 37. A Lei nº 8.213, de 24 de julho de 1991, passa a vigorar com as seguintes alterações:

"Art.18..

....

§ 1º Somente poderão beneficiar-se do auxílio-acidente os segurados incluídos nos incisos I, II, VI e VII do art. 11 desta Lei.

...." (NR)

"Art. 19. Acidente do trabalho é o que ocorre pelo exercício do trabalho a serviço de empresa ou de empregador doméstico ou pelo exercício do trabalho dos segurados referidos no inciso VII do art. 11 desta Lei, provocando lesão corporal ou perturbação funcional que cause a morte ou a perda ou redução, permanente ou temporária, da capacidade para o trabalho.

...." (NR)

"Art. 21-A. A perícia médica do Instituto Nacional do Seguro Social (INSS) considerará caracterizada a natureza acidentária da incapacidade quando constatar ocorrência de nexo técnico epidemiológico entre o trabalho e o agravo, decorrente da relação entre a atividade da empresa ou do empregado doméstico e a entidade mórbida motivadora da incapacidade elencada na Classificação Internacional de Doenças (CID), em conformidade com o que dispuser o regulamento.

....

§ 2º A empresa ou o empregador doméstico poderão requerer a não aplicação do nexo técnico epidemiológico, de cuja decisão caberá recurso, com efeito suspensivo, da empresa, do empregador doméstico ou do segurado ao Conselho de Recursos da Previdência Social." (NR)

"Art. 22. A empresa ou o empregador doméstico deverão comunicar o acidente do trabalho à Previdência Social até o primeiro dia útil seguinte ao da ocorrência e, em caso de morte, de imediato, à autoridade competente, sob pena de multa variável entre o limite mínimo e o limite máximo do salário de contribuição, sucessivamente aumentada nas reincidências, aplicada e cobrada pela Previdência Social.

".." (NR)

"Art. 27. Para cômputo do período de carência, serão consideradas as contribuições:

I – referentes ao período a partir da data de filiação ao Regime Geral de Previdência Social (RGPS), no caso dos segurados empregados, inclusive os domésticos, e dos trabalhadores avulsos;

II – realizadas a contar da data de efetivo pagamento da primeira contribuição sem atraso, não sendo consideradas para este fim as contribuições recolhidas com atraso referentes a competências anteriores, no caso dos segurados contribuinte individual, especial e facultativo, referidos, respectivamente, nos incisos V e VII do art. 11 e no art. 13." (NR)

"Art. 34. No cálculo do valor da renda mensal do benefício, inclusive o decorrente de acidente do trabalho, serão computados:

I – para o segurado empregado, inclusive o doméstico, e o trabalhador avulso, os salários de contribuição referentes aos meses de contribuições devidas, ainda que não recolhidas pela empresa ou pelo empregador doméstico, sem prejuízo da respectiva cobrança e da aplicação das penalidades cabíveis, observado o disposto no § 5º do art. 29-A;

II – para o segurado empregado, inclusive o doméstico, o trabalhador avulso e o segurado especial, o valor mensal do auxílio-acidente, considerado como salário de contribuição para fins de concessão de qualquer aposentadoria, nos termos do art. 31;
...." (NR)

"Art. 35. Ao segurado empregado, inclusive o doméstico, e ao trabalhador avulso que tenham cumprido todas as condições para a concessão do benefício pleiteado, mas não possam comprovar o valor de seus salários de contribuição no período básico de cálculo, será concedido o benefício de valor mínimo, devendo esta renda ser recalculada quando da apresentação de prova dos salários de contribuição." (NR)

"Art. 37. A renda mensal inicial, recalculada de acordo com o disposto no art. 35, deve ser reajustada como a dos benefícios correspondentes com igual data de início e substituirá, a partir da data do requerimento de revisão do valor do benefício, a renda mensal que prevalecia até então." (NR)

"Art. 38. Sem prejuízo do disposto no art. 35, cabe à Previdência Social manter cadastro dos segurados com todos os informes necessários para o cálculo da renda mensal dos benefícios." (NR)

"Art. 63. O segurado empregado, inclusive o doméstico, em gozo de auxílio-doença será considerado pela empresa e pelo empregador doméstico como licenciado.
...." (NR)

"Art. 65. O salário-família será devido, mensalmente, ao segurado empregado, inclusive o doméstico, e ao segurado trabalhador avulso, na proporção do respectivo número de filhos ou equiparados nos termos do § 2º do art. 16 desta Lei, observado o disposto no art. 66.

...." (NR)

"Art. 67..

Parágrafo único. O empregado doméstico deve apresentar apenas a certidão de nascimento referida no *caput*." (NR)

"Art. 68. As cotas do salário-família serão pagas pela empresa ou pelo empregador doméstico, mensalmente, junto com o salário, efetivando-se a compensação quando do recolhimento das contribuições, conforme dispuser o Regulamento.

§ 1º A empresa ou o empregador doméstico conservarão durante 10 (dez) anos os comprovantes de pagamento e as cópias das certidões correspondentes, para fiscalização da Previdência Social.

...." (NR)

Art. 38. O art. 70 da Lei nº 11.196, de 21 de novembro de 2005, passa a vigorar com a seguinte redação:

"Art.70..

I –..

....

d) até o dia 7 do mês subsequente ao mês de ocorrência dos fatos geradores, no caso de pagamento de rendimentos provenientes do trabalho assalariado a empregado doméstico; e

e) até o último dia útil do segundo decêndio do mês subsequente ao mês de ocorrência dos fatos geradores, nos demais casos;

...." (NR)

CAPÍTULO IV
DO PROGRAMA DE RECUPERAÇÃO PREVIDENCIÁRIA DOS EMPREGADORES DOMÉSTICOS (REDOM)

Art. 39. É instituído o Programa de Recuperação Previdenciária dos Empregadores Domésticos (Redom), nos termos desta Lei.

Art. 40. Será concedido ao empregador doméstico o parcelamento dos débitos com o Instituto Nacional do Seguro Social (INSS) relativos à contribuição de que tratam os arts. 20 e 24 da Lei nº 8.212, de 24 de julho de 1991, com vencimento até 30 de abril de 2013.

§ 1º O parcelamento abrangerá todos os débitos existentes em nome do empregado e do empregador, na condição de contribuinte, inclusive débitos inscritos em dívida ativa, que poderão ser:

I – pagos com redução de 100% (cem por cento) das multas aplicáveis, de 60% (sessenta por cento) dos juros de mora e de 100% (cem por cento) sobre os valores dos encargos legais e advocatícios;

II – parcelados em até 120 (cento e vinte) vezes, com prestação mínima no valor de R$ 100,00 (cem reais).

§ 2º O parcelamento deverá ser requerido no prazo de 120 (cento e vinte) dias após a entrada em vigor desta Lei.

§ 3º A manutenção injustificada em aberto de 3 (três) parcelas implicará, após comunicação ao sujeito passivo, a imediata rescisão do parcelamento e, conforme o caso, o prosseguimento da cobrança.

§ 4º Na hipótese de rescisão do parcelamento com o cancelamento dos benefícios concedidos:

I – será efetuada a apuração do valor original do débito, com a incidência dos acréscimos legais, até a data de rescisão;

II – serão deduzidas do valor referido no inciso I deste parágrafo as parcelas pagas, com a incidência dos acréscimos legais, até a data de rescisão.

Art. 41. A opção pelo Redom sujeita o contribuinte a:

I – confissão irrevogável e irretratável dos débitos referidos no art. 40;

II – aceitação plena e irretratável de todas as condições estabelecidas;

III – pagamento regular das parcelas do débito consolidado, assim como das contribuições com vencimento posterior a 30 de abril de 2013.

CAPÍTULO V
DISPOSIÇÕES GERAIS

Art. 42. É de responsabilidade do empregador o arquivamento de documentos comprobatórios do cumprimento das obrigações fiscais, trabalhistas e previdenciárias, enquanto essas não prescreverem.

Art. 43. O direito de ação quanto a créditos resultantes das relações de trabalho prescreve em 5 (cinco) anos até o limite de 2 (dois) anos após a extinção do contrato de trabalho.

Art. 44. A Lei nº 10.593, de 6 de dezembro de 2002, passa a vigorar acrescida do seguinte art. 11-A:

"Art. 11-A. A verificação, pelo Auditor-Fiscal do Trabalho, do cumprimento das normas que regem o trabalho do empregado doméstico, no âmbito do domicílio do empregador, dependerá de agendamento e de entendimento prévios entre a fiscalização e o empregador.

§ 1º A fiscalização deverá ter natureza prioritariamente orientadora.

§ 2º Será observado o critério de dupla visita para lavratura de auto de infração, salvo quando for constatada infração por falta de anotação na Carteira de Trabalho e Previdência Social ou, ainda, na ocorrência de reincidência, fraude, resistência ou embaraço à fiscalização.

§ 3º Durante a inspeção do trabalho referida no *caput*, o Auditor-Fiscal do Trabalho far-se-á acompanhar pelo empregador ou por alguém de sua família por este designado."

Art. 45. As matérias tratadas nesta Lei Complementar que não sejam reservadas constitucionalmente a lei complementar poderão ser objeto de alteração por lei ordinária.

Art. 46. Revogam-se o inciso I do art. 3º da Lei nº 8.009, de 29 de março de 1990, e a Lei nº 5.859, de 11 de dezembro de 1972.

Art. 47. Esta Lei entra em vigor na data de sua publicação.

Lei n. 605, de 5 de Janeiro de 1949

Repouso semanal remunerado e o pagamento de salário nos dias feriados civis e religiosos.

O PRESIDENTE DA REPÚBLICA, Faço saber que o Congresso Nacional decreta e eu sanciono a seguinte lei:

Art. 1º Todo empregado tem direito ao repouso semanal remunerado de vinte e quatro horas consecutivas, preferentemente aos domingos e, nos limites das exigências técnicas das empresas, nos feriados civis e religiosos, de acordo com a tradição local.

Art. 2º Entre os empregados a que se refere esta lei, incluem-se os trabalhos rurais, salvo os que operem em qualquer regime de parceria, meação, ou forma semelhante de participação na produção.

Art. 3º O regime desta lei será extensivo àqueles que, sob forma autônoma, trabalhem agrupados, por intermédio de Sindicato, Caixa Portuária, ou entidade congênere. A remuneração do repouso obrigatório, nesse caso, consistirá no acréscimo de um 1/6 (um sexto) calculado sobre os salários efetivamente percebidos pelo trabalhador e paga juntamente com os mesmos.

Art. 4º É devido o repouso semanal remunerado, nos termos desta lei, aos trabalhadores das autarquias e de empresas industriais, ou sob administração da União, dos Estados e dos Municípios ou incorporadas nos seus patrimônios, que não estejam subordinados ao regime do funcionalismo público.

Art. 5º Esta lei não se aplica às seguintes pessoas:

a) *(Revogada pela Lei n. 11.324, de 2006)*

b) aos funcionários públicos da União, dos Estados e dos Municípios e aos respectivos extranumerários em serviço nas próprias repartições;

c) aos servidores de autarquias paraestatais, desde que sujeitos a regime próprio de proteção ao trabalho que lhes assegure situação análoga à dos funcionários públicos.

Parágrafo único. São exigências técnicas, para os efeitos desta lei, as que, pelas condições peculiares às atividades da empresa, ou em razão do interesse público, tornem indispensável a continuidade do serviço.

Art. 6º Não será devida a remuneração quando, sem motivo justificado, o empregado não tiver trabalhado durante toda a semana anterior, cumprindo integralmente o seu horário de trabalho.

§ 1º São motivos justificados:

a) os previstos no artigo 473 e seu parágrafo único da Consolidação das Leis do Trabalho;

b) a ausência do empregado devidamente justificada, a critério da administração do estabelecimento;

c) a paralisação do serviço nos dias em que, por conveniência do empregador, não tenha havido trabalho;

d) a ausência do empregado, até três dias consecutivos, em virtude do seu casamento;

e) a falta ao serviço com fundamento na lei sobre acidente do trabalho;

f) a doença do empregado, devidamente comprovada.

§ 2º A doença será comprovada mediante atestado de médico da instituição da previdência social a que estiver filiado o empregado, e, na falta deste e sucessivamente, de médico do Serviço Social do Comércio ou da Indústria; de médico da empresa ou por ela designado; de médico a serviço de representação federal, estadual ou municipal incumbido de assuntos de higiene ou de saúde pública; ou não existindo estes, na localidade em que trabalhar, de médico de sua escolha. *(Redação dada pela Lei n. 2.761, de 26.4.56)*

§ 3º Nas empresas em que vigorar regime de trabalho reduzido, a frequência exigida corresponderá ao número de dias em que o empregado tiver de trabalhar.

Art. 7º A remuneração do repouso semanal corresponderá:

a) para os que trabalham por dia, semana, quinzena ou mês, à de um dia de serviço, computadas as horas extraordinárias habitualmente prestadas; *(Redação dada pela Lei n. 7.415, de 09.12.85)*

b) para os que trabalham por hora, à sua jornada norma de trabalho, computadas as horas extraordinárias habitualmente prestadas; *(Redação dada pela Lei n. 7.415, de 09.12.85)*

c) para os que trabalham por tarefa ou peça, o equivalente ao salário correspondente às tarefas ou peças feitas durante a semana, no horário normal de trabalho, dividido pelos dias de serviço efetivamente prestados ao empregador;

d) para o empregado em domicílio, o equivalente ao quociente da divisão por 6 (seis) da importância total da sua produção na semana.

§ 1º Os empregados cujos salários não sofram descontos por motivo de feriados civis ou religiosos são considerados já remunerados nesses mesmos dias de repouso, conquanto tenham direito à remuneração dominical.

§ 2º Consideram-se já remunerados os dias de repouso semanal do empregado mensalista ou quinzenalista cujo cálculo de salário mensal ou quinzenal, ou cujos descontos por falta sejam efetuados na base do número de dias do mês ou de 30 (trinta) e 15 (quinze) diárias, respectivamente.

Art. 8º Excetuados os casos em que a execução do serviço for imposta pelas exigências técnicas das empresas, é vedado o trabalho em dias feriados, civis e religiosos, garantida, entretanto, aos empregados a remuneração respectiva, observados os dispositivos dos artigos 6º e 7º desta lei.

Art. 9º Nas atividades em que não for possível, em virtude das exigências técnicas das empresas, a suspensão do trabalho, nos dias feriados civis e religiosos, a remuneração será paga em dobro, salvo se o empregador determinar outro dia de folga.

Art. 10. Na verificação das exigências técnicas a que se referem os artigos anteriores, ter-se-ão em vista as de ordem econômica, permanentes ou ocasionais, bem como as peculiaridades locais.

Parágrafo único. O Poder Executivo, em decreto especial ou no regulamento que expedir por fiel execução desta lei, definirá as mesmas exigências e especificará, tanto quanto possível, as empresas a elas sujeitas, ficando desde já incluídas entre elas as de serviços públicos e de transportes.

Art. 11. *(Revogado pela Lei n. 9.093, de 12.09.95)*

Art. 12. As infrações ao disposto nesta Lei serão punidas, com multa de R$ 40,25 (quarenta reais e vinte e cinco centavos) a R$ 4.025,33 (quatro mil e vinte e cinco reais e trinta e três centavos), segundo a natureza da infração, sua extensão e a intenção de quem a praticou, aplicada em dobro no caso de reincidência e oposição à fiscalização ou desacato à autoridade. *(Redação dada pela Lei n. 12.544, de 2011*

Art. 13. Serão originariamente competentes, para a imposição das multas de que trata a presente lei, os delegados regionais do Ministério do Trabalho e, nos Estados, onde houver delegação de atribuições, a autoridade delegada.

Art. 14. A fiscalização da execução da presente lei, o processo de autuação dos seus infratores, os recursos e a cobrança das multas reger-se-ão pelo disposto no Título VII da Consolidação das Leis do Trabalho.

Art. 15. A presente lei entrará em vigor na data de sua publicação.

Art. 16. Revogam-se as disposições em contrário.

Lei n. 4.090, de 13 de Julho de 1962

Institui a Gratificação de Natal para os Trabalhadores.

O PRESIDENTE DA REPÚBLICA: Faço saber que o Congresso Nacional decreta e eu sanciono a seguinte Lei:

Art. 1º – No mês de dezembro de cada ano, a todo empregado será paga, pelo empregador, uma gratificação salarial, independentemente da remuneração a que fizer jus.

§ 1º – A gratificação corresponderá a 1/12 avos da remuneração devida em dezembro, por mês de serviço, do ano correspondente.

§ 2º – A fração igual ou superior a 15 (quinze) dias de trabalho será havida como mês integral para os efeitos do parágrafo anterior.

§ 3º – A gratificação será proporcional: *(Incluído pela Lei n. 9.011, de 1995)*

I – na extinção dos contratos a prazo, entre estes incluídos os de safra, ainda que a relação de emprego haja findado antes de dezembro; e *(Incluído pela Lei n. 9.011, de 1995)*

II – na cessação da relação de emprego resultante da aposentadoria do trabalhador, ainda que verificada antes de dezembro. *(Incluído pela Lei n. 9.011, de 1995)*

Art. 2º – As faltas legais e justificadas ao serviço não serão deduzidas para os fins previstos no § 1º do art. 1º desta Lei.

Art. 3º – Ocorrendo rescisão, sem justa causa, do contrato de trabalho, o empregado receberá a gratificação devida nos termos dos parágrafos 1º e 2º do art. 1º desta Lei, calculada sobre a remuneração do mês da rescisão.

Art. 4º – Esta Lei entrará em vigor na data de sua publicação, revogadas as disposições em contrário.

OBSERVAÇÃO – Esta Lei foi complementada pela Lei n. 4.749/65, que está transcrita a seguir.

Lei n. 4.749, de 12 de Agosto de 1965

Dispõe sobre o Pagamento da Gratificação Prevista na Lei n. 4.090, de 13 de julho de 1962.

O PRESIDENTE DA REPÚBLICA: Faço saber que o Congresso Nacional decreta e eu sanciono a seguinte Lei:

Art. 1º – A gratificação salarial instituída pela Lei número 4.090, de 13 de julho de 1962, será paga pelo empregador até o dia 20 de dezembro de cada ano, compensada a importância que, a título de adiantamento, o empregado houver recebido na forma do artigo seguinte.

Parágrafo único. (Vetado).

Art. 2º – Entre os meses de fevereiro e novembro de cada ano, o empregador pagará, como adiantamento da gratificação referida no artigo precedente, de uma só vez, metade do salário recebido pelo respectivo empregado no mês anterior.

§ 1º – O empregador não estará obrigado a pagar o adiantamento, no mesmo mês, a todos os seus empregados.

§ 2º – O adiantamento será pago ao ensejo das férias do empregado, sempre que este o requerer no mês de janeiro do correspondente ano.

Art. 3º – Ocorrendo a extinção do contrato de trabalho antes do pagamento de que trata o Art. 1º desta Lei, o empregador poderá compensar o adiantamento mencionado com a gratificação devida nos termos do Art. 3º da Lei número 4.090, de 13 de julho de 1962, e, se não bastar, com outro crédito de natureza trabalhista que possua o respectivo empregado.

Art. 4º – As contribuições devidas ao Instituto Nacional de Previdência Social, que incidem sobre a gratificação salarial referida nesta Lei, ficam sujeitas ao limite estabelecido na legislação da Previdência Social.

Art. 5 – Aplica-se, no corrente ano, a regra estatuída no Art. 2º desta Lei, podendo o empregado usar da faculdade estatuída no seu § 2º no curso dos primeiros 30 (trinta) dias de vigência desta Lei.

Art. 6º – O Poder Executivo, no prazo de 30 (trinta) dias, adaptará o Regulamento aprovado pelo *Decreto número 1.881, de 14 de dezembro de 1962*, aos preceitos desta Lei.

Art. 7º – Esta Lei entra em vigor na data de sua publicação.

Art. 8º – Revogam-se as disposições em contrário.

Lei n. 7.418, de 16 de Dezembro de 1985

Institui o Vale-Transporte e dá outras providências.

O PRESIDENTE DA REPÚBLICA, faço saber que o Congresso Nacional decreta e eu sanciono a seguinte Lei:

Art. 1º Fica instituído o vale-transporte, *(Vetado)* que o empregador, pessoa física ou jurídica, antecipará ao empregado para utilização efetiva em despesas de deslocamento residência-trabalho e vice-versa, através do sistema de transporte coletivo público, urbano ou intermunicipal e/ou interestadual com características semelhantes aos urbanos, geridos diretamente ou mediante concessão ou permissão de linhas regulares e com tarifas fixadas pela autoridade competente, excluídos os serviços seletivos e os especiais. *(Redação dada pela Lei n. 7.619, de 30.9.1987)*

§ 1º – *(Revogado pela Medida Provisória n. 2.165-36, de 2001)*

§ 2º - *(Revogado pela Lei n. 7.619, de 30.9.1987)*

Art. 2º – O Vale-Transporte, concedido nas condições e limites definidos, nesta Lei, no que se refere à contribuição do empregador: *(Renumerado do art. 3º, pela Lei 7.619, de 30.9.1987)*

a) não tem natureza salarial, nem se incorpora à remuneração para quaisquer efeitos;

b) não constitui base de incidência de contribuição previdenciária ou de Fundo de Garantia por Tempo de Serviço;

c) não se configura como rendimento tributável do trabalhador.

Art. 3º *(Revogado pela Lei n. 9.532, de 1997)*

Art. 4º – A concessão do benefício ora instituído implica a aquisição pelo empregador dos Vales-Transporte necessários aos deslocamentos do trabalhador no percurso residência-trabalho e vice-versa, no serviço de transporte que melhor se adequar. *(Renumerado do art. 5º, pela Lei 7.619, de 30.9.1987)*

Parágrafo único – O empregador participará dos gastos de deslocamento do trabalhador com a ajuda de custo equivalente à parcela que exceder a 6% (seis por cento) de seu salário básico.

Art. 5º – A empresa operadora do sistema de transporte coletivo público fica obrigada a emitir e a comercializar o Vale-Transporte, ao preço da tarifa vigente, colocando-o à disposição dos empregadores em geral e assumindo os custos dessa obrigação, sem repassá-los para a tarifa dos serviços. *(Renumerado do art. 6º, pela Lei 7.619, de 30.9.1987)*

§ 1º Nas regiões metropolitanas, aglomerações urbanas e microrregiões, será instalado, pelo menos, um posto de vendas para cada grupo de cem mil habitantes na localidade, que comercializarão todos os tipos de Vale-Transporte. *(Redação dada pela Lei n. 7.855, de 24.10.89)*

§ 2º – Fica facultado à empresa operadora delegar a emissão e a comercialização do Vale-Trasporte, bem como consorciar-se em central de vendas, para efeito de cumprimento do disposto nesta Lei.

§ 3º – Para fins de cálculo do valor do Vale-Transporte, será adotada a tarifa integral do deslocamento do trabalhador, sem descontos, mesmo que previstos na legislação local.

Art. 6º – O poder concedente fixará as sanções a serem aplicadas à empresa operadora que comercializar o vale diretamente ou através de delegação, no caso de falta ou insuficiência de estoque de Vales-Transporte necessários ao atendimento da demanda e ao funcionamento do sistema. *(Renumerado do art. 7º, pela Lei 7.619, de 30.9.1987)*

Art. 7º – Ficam resguardados os direitos adquiridos do trabalhador, se superiores aos instituídos nesta Lei, vedada a cumulação de vantagens. *(Renumerado do art. 8º, pela Lei 7.619, de 30.9.1987)*

Art. 8º – Asseguram-se os benefícios desta Lei ao empregador que proporcionar, por meios próprios ou contratados, em veículos adequados ao transporte coletivo, o deslocamento integral de seus trabalhadores. *(Renumerado do art. 9º, pela Lei 7.619, de 30.9.1987)*

Art. 9 – Os Vales-Transporte anteriores perdem sua validade decorridos 30 (trinta) dias da data de reajuste tarifário. *(Renumerado do art. 10, pela Lei 7.619, de 30.9.1987)*

Art. 10 – O Poder Executivo regulamentará a presente Lei no prazo de 45 (quarenta e cinco) dias. *(Renumerado do art. 11, pela Lei 7.619, de 30.9.1987)*

Art. 11 – Esta Lei entra em vigor na data de sua publicação. *(Renumerado do art. 12, pela Lei 7.619, de 30.9.1987)*

Art. 12 – Revogam-se as disposições em contrário. *(Renumerado do art. 13, pela Lei 7.619, de 30.9.1987)*

LEI N. 7.998, DE 11 DE JANEIRO DE 1990

(Apenas dispositivos que interessam ao doméstico)

Regula o Programa do Seguro-Desemprego, o Abono Salarial, institui o Fundo de Amparo ao Trabalhador (FAT), e dá outras providências.

O PRESIDENTE DA REPÚBLICA, faço saber que o Congresso Nacional decreta e eu sanciono a seguinte Lei:

Art. 1º Esta Lei regula o Programa do Seguro-Desemprego e o abono de que tratam o inciso II do art. 7º, o inciso IV do art. 201 e o art. 239, da Constituição Federal, bem como institui o Fundo de Amparo ao Trabalhador (FAT)

DO PROGRAMA DE SEGURO-DESEMPREGO

Art. 2º O programa do seguro-desemprego tem por finalidade: *(Redação dada pela Lei n. 8.900, de 30.06.94)*

I - prover assistência financeira temporária ao trabalhador desempregado em virtude de dispensa sem justa causa, inclusive a indireta, e ao trabalhador comprovadamente resgatado de regime de trabalho forçado ou da condição análoga à de escravo; *(Redação dada pela Lei n. 10.608, de 20.12.2002)*

II - auxiliar os trabalhadores na busca ou preservação do emprego, promovendo, para tanto, ações integradas de orientação, recolocação e qualificação profissional. *(Redação dada pela Medida Provisória n. 2.164-41, de 2001)*

Art. 2º-A. Para efeito do disposto no inciso II do art. 2º, fica instituída a bolsa de qualificação profissional, a ser custeada pelo Fundo de Amparo ao Trabalhador – FAT, à qual fará jus o trabalhador que estiver com o contrato de trabalho suspenso em virtude de participação em curso ou programa de qualificação profissional oferecido pelo empregador, em conformidade com o disposto em convenção ou acordo coletivo celebrado para este fim. *(Incluído pela Medida Provisória n. 2.164-41, de 2001)*

Art. 2º-C O trabalhador que vier a ser identificado como submetido a regime de trabalho forçado ou reduzido a condição análoga à de escravo, em decorrência de ação de fiscalização do Ministério do Trabalho e Emprego, será dessa situação resgatado e terá direito à percepção de três parcelas de seguro-desemprego no valor de um salário mínimo cada, conforme o disposto no § 2º deste artigo. *(Incluído pela Lei n. 10.608, de 20.12.2002)*

§ 1º O trabalhador resgatado nos termos do *caput* deste artigo será encaminhado, pelo Ministério do Trabalho e Emprego, para qualificação profissional e recolocação no mercado de trabalho, por meio do Sistema Nacional de Emprego – SINE, na forma estabelecida pelo Conselho Deliberativo do Fundo de Amparo ao Trabalhador – CODEFAT. *(Incluído pela Lei n. 10.608, de 20.12.2002)*

§ 2º Caberá ao CODEFAT, por proposta do Ministro de Estado do Trabalho e Emprego, estabelecer os procedimentos necessários ao recebimento do benefício previsto no *caput* deste artigo, observados os respectivos limites de comprometimento dos recursos do FAT, ficando vedado ao mesmo trabalhador o recebimento do benefício, em circunstâncias similares, nos doze meses seguintes à percepção da última parcela. *(Incluído pela Lei n. 10.608, de 20.12.2002)*

Art. 3º Terá direito à percepção do seguro-desemprego o trabalhador dispensado sem justa causa que comprove:

I – ter recebido salários de pessoa jurídica ou de pessoa física a ela equiparada, relativos a: *(Redação dada pela Lei n. 13.134, de 2015)*

a) pelo menos 12 (doze) meses nos últimos 18 (dezoito) meses imediatamente anteriores à data de dispensa, quando da primeira solicitação; *(Incluído pela Lei n. 13.134, de 2015)*

b) pelo menos 9 (nove) meses nos últimos 12 (doze) meses imediatamente anteriores à data de dispensa, quando da segunda solicitação; e *(Incluído pela Lei n. 13.134, de 2015)*

c) cada um dos 6 (seis) meses imediatamente anteriores à data de dispensa, quando das demais solicitações; *(Incluído pela Lei n. 13.134, de 2015)*

II - *(Revogado)*;

III – não estar em gozo de qualquer benefício previdenciário de prestação continuada, previsto no Regulamento dos Benefícios da Previdência Social, excetuado o auxílio-acidente e o auxílio suplementar previstos na Lei n. 6.367, de 19 de outubro de 1976, bem como o abono de permanência em serviço previsto na Lei n. 5.890, de 8 de junho de 1973;

IV – não estar em gozo do auxílio-desemprego; e

V – não possuir renda própria de qualquer natureza suficiente à sua manutenção e de sua família.

VI – matrícula e frequência, quando aplicável, nos termos do regulamento, em curso de formação inicial e continuada ou de qualificação profissional habilitado pelo Ministério da Educação, nos termos do art. 18 da Lei nº12.513, de 26 de outubro de 2011, ofertado por meio da Bolsa-Formação Trabalhador concedida no âmbito do Programa Nacional de Acesso ao Ensino Técnico e Emprego (Pronatec), instituído pela Lei nº 12.513, de 26 de outubro de 2011, ou de vagas gratuitas na rede de educação profissional e tecnológica. *(Incluído pela Lei n. 13.134, de 2015)*

§ 1º A União poderá condicionar o recebimento da assistência financeira do Programa de Seguro-Desemprego à comprovação da matrícula e da frequência do trabalhador segurado em curso de formação inicial e continuada ou qualificação profissional, com carga horária mínima de 160 (cento e sessenta) horas. *(Incluído pela Lei n. 12.513, de 2011)*

§ 2º O Poder Executivo regulamentará os critérios e requisitos para a concessão da assistência financeira do Programa de Seguro-Desemprego nos casos previstos no § 1º, considerando a disponibilidade de bolsas-formação no âmbito do Pronatec ou de vagas gratuitas na rede de educação profissional e tecnológica para o cumprimento da condicionalidade pelos respectivos beneficiários. *(Incluído pela Lei n. 12.513, de 2011)*

§ 3º A oferta de bolsa para formação dos trabalhadores de que trata este artigo considerará, entre outros critérios, a capacidade de oferta, a reincidência no recebimento do benefício, o nível de escolaridade e a faixa etária do trabalhador. *(Incluído pela Lei n. 12.513, de 2011)*

Art. 3º-A. A periodicidade, os valores, o cálculo do número de parcelas e os demais procedimentos operacionais de pagamento da bolsa de qualificação profissional, nos termos do art. 2º-A desta Lei, bem como os pré-requisitos para habilitação serão os mesmos adotados em relação ao benefício do Seguro-Desemprego, exceto quanto à dispensa sem justa causa. *(Incluído pela Medida Provisória n. 2.164-41, de 2001)*

Art. 4º O benefício do seguro-desemprego será concedido ao trabalhador desempregado, por período máximo variável de 3 (três) a 5 (cinco) meses, de forma contínua ou alternada, a cada período aquisitivo, contados da data de dispensa que deu origem à última habilitação, cuja duração será definida pelo Conselho Deliberativo do Fundo de Amparo ao Trabalhador (Codefat). *(Redação dada pela Lei n. 13.134, de 2015)*

§ 1º O benefício do seguro-desemprego poderá ser retomado a cada novo período aquisitivo, satisfeitas as condições arroladas nos incisos I, III, IV e V do *caput* do art. 3º. *(Incluído pela Lei n. 13.134, de 2015)*

§ 2º A determinação do período máximo mencionado no *caput* observará a seguinte relação entre o número de parcelas mensais do benefício do seguro-desemprego e o tempo de serviço do trabalhador nos 36 (trinta e seis) meses que antecederem a data de dispensa que originou o requerimento do seguro-desemprego, vedado o cômputo de vínculos empregatícios utilizados em períodos aquisitivos anteriores: *(Incluído pela Lei n. 13.134, de 2015)*

I – para a primeira solicitação: *(Incluído pela Lei n. 13.134, de 2015)*

a) 4 (quatro) parcelas, se o trabalhador comprovar vínculo empregatício com pessoa jurídica ou pessoa física a ela equiparada de, no mínimo, 12 (doze) meses e, no máximo, 23 (vinte e três) meses, no período de referência; ou *(Incluído pela Lei n. 13.134, de 2015)*

b) 5 (cinco) parcelas, se o trabalhador comprovar vínculo empregatício com pessoa jurídica ou pessoa física a ela equiparada de, no mínimo, 24 (vinte e quatro) meses, no período de referência; *(Incluído pela Lei n. 13.134, de 2015)*

II – para a segunda solicitação: *(Incluído pela Lei n. 13.134, de 2015)*

a) 3 (três) parcelas, se o trabalhador comprovar vínculo empregatício com pessoa jurídica ou pessoa física a ela equiparada de, no mínimo, 9 (nove) meses e, no máximo, 11 (onze) meses, no período de referência; *(Incluído pela Lei n. 13.134, de 2015)*

b) 4 (quatro) parcelas, se o trabalhador comprovar vínculo empregatício com pessoa jurídica ou pessoa física a ela equiparada de, no mínimo, 12 (doze) meses e, no máximo, 23 (vinte e três) meses, no período de referência; ou *(Incluído pela Lei n. 13.134, de 2015)*

c) 5 (cinco) parcelas, se o trabalhador comprovar vínculo empregatício com pessoa jurídica ou pessoa física a ela equiparada de, no mínimo, 24 (vinte e quatro) meses, no período de referência; *(Incluído pela Lei n. 13.134, de 2015)*

III – a partir da terceira solicitação: *(Incluído pela Lei n. 13.134, de 2015)*

a) 3 (três) parcelas, se o trabalhador comprovar vínculo empregatício com pessoa jurídica ou pessoa física a ela equiparada de, no mínimo, 6 (seis) meses e, no máximo, 11 (onze) meses, no período de referência; *(Incluído pela Lei n. 13.134, de 2015)*

b) 4 (quatro) parcelas, se o trabalhador comprovar vínculo empregatício com pessoa jurídica ou pessoa física a ela equiparada de, no mínimo, 12 (doze) meses e, no máximo, 23 (vinte e três) meses, no período de referência; ou *(Incluído pela Lei n. 13.134, de 2015)*

c) 5 (cinco) parcelas, se o trabalhador comprovar vínculo empregatício com pessoa jurídica ou pessoa física a ela equiparada de, no mínimo, 24 (vinte e quatro) meses, no período de referência. *(Incluído pela Lei n. 13.134, de 2015)*

§ 3º A fração igual ou superior a 15 (quinze) dias de trabalho será havida como mês integral para os efeitos do § 2º. *(Incluído pela Lei n. 13.134, de 2015)*

§ 4º Nos casos em que o cálculo da parcela do seguro-desemprego resultar em valores decimais, o valor a ser pago deverá ser arredondado para a unidade inteira imediatamente superior. *(Incluído pela Lei n. 13.134, de 2015)*

§ 5º O período máximo de que trata o *caput* poderá ser excepcionalmente prolongado por até 2 (dois) meses, para grupos específicos de segurados, a critério do Codefat, desde que o gasto adicional representado por esse prolongamento não ultrapasse, em cada semestre, 10% (dez por cento) do montante da reserva mínima de liquidez de que trata o § 2º do art. 9º da Lei nº 8.019, de 11 de abril de 1990. *(Incluído pela Lei n. 13.134, de 2015)*

§ 6º Na hipótese de prolongamento do período máximo de percepção do benefício do seguro-desemprego, o Codefat observará, entre outras variáveis, a evolução geográfica e setorial das taxas de desemprego no País e o tempo médio de desemprego de grupos específicos de trabalhadores. *(Incluído pela Lei n. 13.134, de 2015)*

§ 7º O Codefat observará as estatísticas do mercado de trabalho, inclusive o tempo médio de permanência no emprego, por setor, e recomendará ao Ministro de Estado do Trabalho e Emprego a adoção de políticas públicas que julgar adequadas à mitigação da alta rotatividade no emprego. *(Incluído pela Lei n. 13.134, de 2015)*

Art. 4º-A. *(VETADO).*

Art. 5º O valor do benefício será fixado em Bônus do Tesouro Nacional (BTN), devendo ser calculado segundo 3 (três) faixas salariais, observados os seguintes critérios:

I – até 300 (trezentos) BTN, multiplicar-se-á o salário médio dos últimos 3 (três) meses pelo fator 0,8 (oito décimos);

II – de 300 (trezentos) a 500 (quinhentos) BTN aplicar-se-á, até o limite do inciso anterior, a regra nele contida e, no que exceder, o fator 0,5 (cinco décimos);

III – acima de 500 (quinhentos) BTN, o valor do benefício será igual a 340 (trezentos e quarenta) BTN.

§ 1º Para fins de apuração do benefício, será considerada a média dos salários dos últimos 3 (três) meses anteriores à dispensa, devidamente convertidos em BTN pelo valor vigente nos respectivos meses trabalhados.

§ 2º O valor do benefício não poderá ser inferior ao valor do salário mínimo.

§ 3º No pagamento dos benefícios, considerar-se-á:

I – o valor do BTN ou do salário mínimo do mês imediatamente anterior, para benefícios colocados à disposição do beneficiário até o dia 10 (dez) do mês;

II – o valor do BTN ou do salário mínimo do próprio mês, para benefícios colocados à disposição do beneficiário após o dia 10 (dez) do mês.

Art. 6º O seguro-desemprego é direito pessoal e intransferível do trabalhador, podendo ser requerido a partir do sétimo dia subsequente à rescisão do contrato de trabalho.

Art. 7º O pagamento do benefício do seguro-desemprego será suspenso nas seguintes situações:

I – admissão do trabalhador em novo emprego;

II – início de percepção de benefício de prestação continuada da Previdência Social, exceto o auxílio-acidente, o auxílio suplementar e o abono de permanência em serviço;

III – início de percepção de auxílio-desemprego.

IV – recusa injustificada por parte do trabalhador desempregado em participar de ações de recolocação de emprego, conforme regulamentação do Codefat. *(Incluído pela Lei n. 13.134, de 2015)*

Art. 7º-A. O pagamento da bolsa de qualificação profissional será suspenso se ocorrer a rescisão do contrato de trabalho. *(Incluído pela Medida Provisória n. 2.164-41, de 2001)*

Art. 8º O benefício do seguro-desemprego será cancelado: *(Redação dada pela Lei n. 12.513, de 2011)*

I – pela recusa por parte do trabalhador desempregado de outro emprego condizente com sua qualificação registrada ou declarada e com sua remuneração anterior; *(Redação dada pela Lei n. 12.513, de 2011)*

II – por comprovação de falsidade na prestação das informações necessárias à habilitação; *(Redação dada pela Lei n. 12.513, de 2011)*

III – por comprovação de fraude visando à percepção indevida do benefício do seguro-desemprego; ou *(Redação dada pela Lei n. 12.513, de 2011)*

IV – por morte do segurado. *(Redação dada pela Lei n. 12.513, de 2011)*

§ 1º Nos casos previstos nos incisos I a III deste artigo, será suspenso por um período de 2 (dois) anos, ressalvado o prazo de carência, o direito do trabalhador à percepção do seguro-desemprego, dobrando-se este período em caso de reincidência. *(Incluído pela Lei n. 12.513, de 2011)*

§ 2º O benefício poderá ser cancelado na hipótese de o beneficiário deixar de cumprir a condicionalidade de que trata o § 1º do art. 3º desta Lei, na forma do regulamento. *(Incluído pela Lei n. 12.513, de 2011)*

Art. 8º-A. O benefício da bolsa de qualificação profissional será cancelado nas seguintes situações: *(Incluído pela Medida Provisória n. 2.164-41, de 2001)*

I - fim da suspensão contratual e retorno ao trabalho; *(Incluído pela Medida Provisória n. 2.164-41, de 2001)*

II - por comprovação de falsidade na prestação das informações necessárias à habilitação; *(Incluído pela Medida Provisória n. 2.164-41, de 2001)*

III - por comprovação de fraude visando à percepção indevida da bolsa de qualificação profissional; *(Incluído pela Medida Provisória n. 2.164-41, de 2001)*

IV - por morte do beneficiário. *(Incluído pela Medida Provisória n. 2.164-41, de 2001)*

Art. 8º-B. Na hipótese prevista no § 5º do art. 476-A da Consolidação das Leis do Trabalho – CLT, as parcelas da bolsa de qualificação profissional que o empregado tiver recebido serão descontadas das parcelas do benefício do Seguro-Desemprego a que fizer jus, sendo-lhe garantido, no mínimo, o recebimento de uma parcela do Seguro-Desemprego. *(Incluído pela Medida Provisória n. 2.164-41, de 2001)*

Art. 8º-C. Para efeito de habilitação ao Seguro-Desemprego, desconsiderar-se-á o período de suspensão contratual de que trata o art. 476-A da CLT, para o cálculo dos períodos de que tratam os incisos I e II do art. 3º desta Lei. *(Incluído pela Medida Provisória n. 2.164-41, de 2001)*

DO ABONO SALARIAL

Art. 9º É assegurado o recebimento de abono salarial anual, no valor máximo de 1 (um) salário-mínimo vigente na data do respectivo pagamento, aos empregados que: *(Redação dada pela Lei n. 13.134, de 2015)*

I – tenham percebido, de empregadores que contribuem para o Programa de Integração Social (PIS) ou para o Programa de Formação do Patrimônio do Servidor Público (Pasep), até 2 (dois) salários mínimos médios de remuneração mensal no período trabalhado e que tenham exercido atividade remunerada pelo menos durante 30 (trinta) dias no ano-base;

II – estejam cadastrados há pelo menos 5 (cinco) anos no Fundo de Participação PIS-Pasep ou no Cadastro Nacional do Trabalhador.

§ 1º No caso de beneficiários integrantes do Fundo de Participação PIS-Pasep, serão computados no valor do abono salarial os rendimentos proporcionados pelas respectivas contas individuais. *(Incluído pela Medida Provisória n. 665, de 2014)*

§ 2º O valor do abono salarial anual de que trata o *caput* será calculado na proporção de 1/12 (um doze avos) do valor do salário-mínimo vigente na data do respectivo pagamento, multiplicado pelo número de meses trabalhados no ano correspondente. *(Incluído pela Lei n. 13.134, de 2015)*

§ 3º A fração igual ou superior a 15 (quinze) dias de trabalho será contada como mês integral para os efeitos do § 2º deste artigo. *(Incluído pela Lei n. 13.134, de 2015)*

§ 4º O valor do abono salarial será emitido em unidades inteiras de moeda corrente, com a suplementação das partes decimais até a unidade inteira imediatamente superior. *(Incluído pela Lei n. 13.134, de 2015)*

9º-A. O abono será pago pelo Banco do Brasil S.A. e pela Caixa Econômica Federal mediante: *(Incluído pela Lei n. 13.134, de 2015)*

I – depósito em nome do trabalhador; *(Incluído pela Lei n. 13.134, de 2015)*

II – saque em espécie; ou *(Incluído pela Lei n. 13.134, de 2015)*

III – folha de salários. *(Incluído pela Lei n. 13.134, de 2015)*

§ 1º Ao Banco do Brasil S.A. caberá o pagamento aos servidores e empregados dos contribuintes mencionados no art. 14 do Decreto-Lei nº 2.052, de 3 de agosto de 1983, e à Caixa Econômica Federal, aos empregados dos contribuintes a que se refere o art. 15 desse Decreto-Lei. *(Incluído pela Lei n. 13.134, de 2015)*

§ 2º As instituições financeiras pagadoras manterão em seu poder, à disposição das autoridades fazendárias, por processo que possibilite sua imediata recuperação, os comprovantes de pagamentos efetuados. *(Incluído pela Lei n. 13.134, de 2015)*

Lei n. 8.212, de 24 de Julho de 1991

(Apenas dispositivos que interessam ao doméstico)

CAPÍTULO IX
DO SALÁRIO DE CONTRIBUIÇÃO

Art. 28. Entende-se por salário-de-contribuição:

I – para o empregado e trabalhador avulso: a remuneração auferida em uma ou mais empresas, assim entendida a totalidade dos rendimentos pagos, devidos ou creditados a qualquer título, durante o mês, destinados a retribuir o trabalho, qualquer que seja a sua forma, inclusive as gorjetas, os ganhos habituais sob a forma de utilidades e os adiantamentos decorrentes de reajuste salarial, quer pelos serviços efetivamente prestados, quer pelo tempo à disposição do empregador ou tomador de serviços nos termos da lei ou do contrato ou, ainda, de convenção ou acordo coletivo de trabalho ou sentença normativa; *(Redação dada pela Lei n. 9.528, de 10.12.97)*

II – para o empregado doméstico: a remuneração registrada na Carteira de Trabalho e Previdência Social, observadas as normas a serem estabelecidas em regulamento para comprovação do vínculo empregatício e do valor da remuneração;

....

CAPÍTULO X
DA ARRECADAÇÃO E RECOLHIMENTO DAS CONTRIBUIÇÕES

Art. 30. A arrecadação e o recolhimento das contribuições ou de outras importâncias devidas à Seguridade Social obedecem às seguintes normas: *(Redação dada pela Lei n. 8.620, de 5.1.93)*

I – a empresa é obrigada a:

....

V – o empregador doméstico é obrigado a arrecadar e a recolher a contribuição do segurado empregado a seu serviço, assim como a parcela a seu cargo, até o dia 7 do mês seguinte ao da competência; *(Redação dada pela Lei Complementar n. 150, de 2015)*

LEI N. 8.213, DE 24 DE JULHO DE 1991

(Apenas dispositivos que interessam ao doméstico)

DAS PRESTAÇÕES EM GERAL

Seção I
Das Espécies de Prestações

Art. 18. O Regime Geral de Previdência Social compreende as seguintes prestações, devidas inclusive em razão de eventos decorrentes de acidente do trabalho, expressas em benefícios e serviços:

I – quanto ao segurado:

a) aposentadoria por invalidez;

b) aposentadoria por idade;

c) aposentadoria por tempo de contribuição; *(Redação dada pela Lei Complementar n. 123, de 2006)*

d) aposentadoria especial;

e) auxílio-doença;

f) salário-família;

g) salário-maternidade;

h) auxílio-acidente;

i) *(Revogada pela Lei n. 8.870, de 1994)*

II – quanto ao dependente:

a) pensão por morte;

b) auxílio-reclusão;

III – quanto ao segurado e dependente:

a) *(Revogada pela Lei n. 9.032, de 1995)*

b) serviço social;

c) reabilitação profissional.

§ 1º Somente poderão beneficiar-se do auxílio-acidente os segurados incluídos nos incisos I, II, VI e VII do art. 11 desta Lei. *(Redação dada pela Lei Complementar n. 150, de 2015)*

§ 2º O aposentado pelo Regime Geral de Previdência Social–RGPS que permanecer em atividade sujeita a este Regime, ou a ele retornar, não fará jus a prestação alguma da Previdência Social em decorrência do exercício dessa atividade, exceto ao salário-família e à reabilitação profissional, quando empregado. *(Redação dada pela Lei n. 9.528, de 1997)*

§ 3º O segurado contribuinte individual, que trabalhe por conta própria, sem relação de trabalho com empresa ou equiparado, e o segurado facultativo que contribuam na forma do § 2º do art. 21 da Lei nº 8.212, de 24 de julho de 1991, não farão jus à aposentadoria por tempo de contribuição. *(Incluído pela Lei Complementar n. 123, de 2006)*

Art. 19. Acidente do trabalho é o que ocorre pelo exercício do trabalho a serviço de empresa ou de empregador doméstico ou pelo exercício do trabalho dos segurados referidos no inciso VII do art. 11 desta Lei, provocando lesão corporal ou perturbação funcional que cause a morte ou a perda ou redução, permanente ou temporária, da capacidade para o trabalho. *(Redação dada pela Lei Complementar n. 150, de 2015)*

§ 1º A empresa é responsável pela adoção e uso das medidas coletivas e individuais de proteção e segurança da saúde do trabalhador.

§ 2º Constitui contravenção penal, punível com multa, deixar a empresa de cumprir as normas de segurança e higiene do trabalho.

§ 3º É dever da empresa prestar informações pormenorizadas sobre os riscos da operação a executar e do produto a manipular.

§ 4º O Ministério do Trabalho e da Previdência Social fiscalizará e os sindicatos e entidades representativas de classe acompanharão o fiel cumprimento do disposto nos parágrafos anteriores, conforme dispuser o Regulamento.

Art. 20. Consideram-se acidente do trabalho, nos termos do artigo anterior, as seguintes entidades mórbidas:

I – doença profissional, assim entendida a produzida ou desencadeada pelo exercício do trabalho peculiar a determinada atividade e constante da respectiva relação elaborada pelo Ministério do Trabalho e da Previdência Social;

II – doença do trabalho, assim entendida a adquirida ou desencadeada em função de condições especiais em que o trabalho é realizado e com ele se relacione diretamente, constante da relação mencionada no inciso I.

§ 1º Não são consideradas como doença do trabalho:

a) a doença degenerativa;

b) a inerente a grupo etário;

c) a que não produza incapacidade laborativa;

d) a doença endêmica adquirida por segurado habitante de região em que ela se desenvolva, salvo comprovação de que é resultante de exposição ou contato direto determinado pela natureza do trabalho.

§ 2º Em caso excepcional, constatando-se que a doença não incluída na relação prevista nos incisos I e II deste artigo resultou das condições especiais em que o trabalho é executado e com ele se relaciona diretamente, a Previdência Social deve considerá-la acidente do trabalho.

Art. 21. Equiparam-se também ao acidente do trabalho, para efeitos desta Lei:

I – o acidente ligado ao trabalho que, embora não tenha sido a causa única, haja contribuído diretamente para a morte do segurado, para redução ou perda da sua capacidade para o trabalho, ou produzido lesão que exija atenção médica para a sua recuperação;

II – o acidente sofrido pelo segurado no local e no horário do trabalho, em consequência de:

a) ato de agressão, sabotagem ou terrorismo praticado por terceiro ou companheiro de trabalho;

b) ofensa física intencional, inclusive de terceiro, por motivo de disputa relacionada ao trabalho;

c) ato de imprudência, de negligência ou de imperícia de terceiro ou de companheiro de trabalho;

d) ato de pessoa privada do uso da razão;

e) desabamento, inundação, incêndio e outros casos fortuitos ou decorrentes de força maior;

III – a doença proveniente de contaminação acidental do empregado no exercício de sua atividade;

IV – o acidente sofrido pelo segurado ainda que fora do local e horário de trabalho:

a) na execução de ordem ou na realização de serviço sob a autoridade da empresa;

b) na prestação espontânea de qualquer serviço à empresa para lhe evitar prejuízo ou proporcionar proveito;

c) em viagem a serviço da empresa, inclusive para estudo quando financiada por esta dentro de seus planos para melhor capacitação da mão de obra, independentemente do meio de locomoção utilizado, inclusive veículo de propriedade do segurado;

d) no percurso da residência para o local de trabalho ou deste para aquela, qualquer que seja o meio de locomoção, inclusive veículo de propriedade do segurado.

§ 1º Nos períodos destinados a refeição ou descanso, ou por ocasião da satisfação de outras necessidades fisiológicas, no local do trabalho ou durante este, o empregado é considerado no exercício do trabalho.

§ 2º Não é considerada agravação ou complicação de acidente do trabalho a lesão que, resultante de acidente de outra origem, se associe ou se superponha às consequências do anterior.

Art. 21-A. A perícia médica do Instituto Nacional do Seguro Social (INSS) considerará caracterizada a natureza acidentária da incapacidade quando constatar ocorrência de nexo técnico epidemiológico entre o trabalho e o agravo, decorrente da relação entre a atividade da empresa ou do empregado doméstico e a entidade mórbida motivadora da incapacidade elencada na Classificação Internacional de Doenças (CID), em conformidade com o que dispuser o regulamento. *(Redação dada pela Lei Complementar n. 150, de 2015)*

§ 1º A perícia médica do INSS deixará de aplicar o disposto neste artigo quando demonstrada a inexistência do nexo de que trata o *caput* deste artigo. *(Incluído pela Lei n. 11.430, de 2006)*

§ 2º A empresa ou o empregador doméstico poderão requerer a não aplicação do nexo técnico epidemiológico, de cuja decisão caberá recurso, com efeito suspensivo, da empresa, do empregador doméstico ou do segurado ao Conselho de Recursos da Previdência Social. *(Redação dada pela Lei Complementar n. 150, de 2015)*

Art. 22. A empresa ou o empregador doméstico deverão comunicar o acidente do trabalho à Previdência Social até o primeiro dia útil seguinte ao da ocorrência e, em caso de morte, de imediato, à autoridade competente, sob pena de multa variável entre o limite mínimo e o limite máximo do salário de contribuição, sucessivamente aumentada nas reincidências, aplicada e cobrada pela Previdência Social. *(Redação dada pela Lei Complementar n. 150, de 2015)*

§ 1º Da comunicação a que se refere este artigo receberão cópia fiel o acidentado ou seus dependentes, bem como o sindicato a que corresponda a sua categoria.

§ 2º Na falta de comunicação por parte da empresa, podem formalizá-la o próprio acidentado, seus dependentes, a entidade sindical competente, o médico que o assistiu ou qualquer autoridade pública, não prevalecendo nestes casos o prazo previsto neste artigo.

§ 3º A comunicação a que se refere o § 2º não exime a empresa de responsabilidade pela falta do cumprimento do disposto neste artigo.

§ 4º Os sindicatos e entidades representativas de classe poderão acompanhar a cobrança, pela Previdência Social, das multas previstas neste artigo.

§ 5º A multa de que trata este artigo não se aplica na hipótese do *caput* do art. 21-A. *(Incluído pela Lei n. 11.430, de 2006)*

Art. 23. Considera-se como dia do acidente, no caso de doença profissional ou do trabalho, a data do início da incapacidade laborativa para o exercício da atividade habitual, ou o dia da segregação compulsória, ou o dia em que for realizado o diagnóstico, valendo para este efeito o que ocorrer primeiro.

....

Seção V
Dos Benefícios

Subseção I
Da Aposentadoria por Invalidez

Art. 42. A aposentadoria por invalidez, uma vez cumprida, quando for o caso, a carência exigida, será devida ao segurado que, estando ou não em gozo de auxílio-doença, for considerado incapaz e insusceptível de reabilitação para o exercício de atividade que lhe garanta a subsistência, e ser-lhe-á paga enquanto permanecer nesta condição.

§ 1º A concessão de aposentadoria por invalidez dependerá da verificação da condição de incapacidade mediante exame médico-pericial a cargo da Previdência Social, podendo o segurado, às suas expensas, fazer-se acompanhar de médico de sua confiança.

§ 2º A doença ou lesão de que o segurado já era portador ao filiar-se ao Regime Geral de Previdência Social não lhe conferirá direito à aposentadoria por invalidez, salvo quando a incapacidade sobrevier por motivo de progressão ou agravamento dessa doença ou lesão.

Art. 43. A aposentadoria por invalidez será devida a partir do dia imediato ao da cessação do auxílio-doença, ressalvado o disposto nos §§ 1º, 2º e 3º deste artigo.

1º Concluindo a perícia médica inicial pela existência de incapacidade total e definitiva para o trabalho, a aposentadoria por invalidez será devida: *(Redação dada pela Lei n. 9.032, de 1995)*

a) ao segurado empregado, a contar do décimo sexto dia do afastamento da atividade ou a partir da entrada do requerimento, se entre o afastamento e a entrada do requerimento decorrerem mais de trinta dias; *(Redação dada pela Lei n. 9.876, de 26.11.99)*

b) ao segurado empregado doméstico, trabalhador avulso, contribuinte individual, especial e facultativo, a contar da data do início da incapacidade ou da data da entrada do requerimento, se entre essas datas decorrerem mais de trinta dias. *(Redação dada pela Lei n. 9.876, de 26.11.99)*

§ 2º Durante os primeiros quinze dias de afastamento da atividade por motivo de invalidez, caberá à empresa pagar ao segurado empregado o salário. *(Redação dada pela Lei n, 9.876, de 26.11.99)*

§3º *(Revogado pela Lei n. 9.032, de 1995)*

Art. 44. A aposentadoria por invalidez, inclusive a decorrente de acidente do trabalho, consistirá numa renda mensal correspondente a 100% (cem por cento) do salário de benefício, observado o disposto na Seção III, especialmente no art. 33 desta Lei. *(Redação dada pela Lei n, 9.032, de 1995)*

§ 1º *(Revogado pela Lei n. 9.528, de 1997)*

§ 2º Quando o acidentado do trabalho estiver em gozo de auxílio-doença, o valor da aposentadoria por invalidez será igual ao do auxílio-doença se este, por força de reajustamento, for superior ao previsto neste artigo.

Art. 45. O valor da aposentadoria por invalidez do segurado que necessitar da assistência permanente de outra pessoa será acrescido de 25% (vinte e cinco por cento).

Parágrafo único. O acréscimo de que trata este artigo:

a) será devido ainda que o valor da aposentadoria atinja o limite máximo legal;

b) será recalculado quando o benefício que lhe deu origem for reajustado;

c) cessará com a morte do aposentado, não sendo incorporável ao valor da pensão.

Art. 46. O aposentado por invalidez que retornar voluntariamente à atividade terá sua aposentadoria automaticamente cancelada, a partir da data do retorno.

Art. 47. Verificada a recuperação da capacidade de trabalho do aposentado por invalidez, será observado o seguinte procedimento:

I – quando a recuperação ocorrer dentro de 5 (cinco) anos, contados da data do início da aposentadoria por invalidez ou do auxílio-doença que a antecedeu sem interrupção, o benefício cessará:

a) de imediato, para o segurado empregado que tiver direito a retornar à função que desempenhava na empresa quando se aposentou, na forma da legislação trabalhista, valendo como documento, para tal fim, o certificado de capacidade fornecido pela Previdência Social; ou

b) após tantos meses quantos forem os anos de duração do auxílio-doença ou da aposentadoria por invalidez, para os demais segurados;

II – quando a recuperação for parcial, ou ocorrer após o período do inciso I, ou ainda quando o segurado for declarado apto para o exercício de trabalho diverso do qual habitualmente exercia, a aposentadoria será mantida, sem prejuízo da volta à atividade:

a) no seu valor integral, durante 6 (seis) meses contados da data em que for verificada a recuperação da capacidade;

b) com redução de 50% (cinquenta por cento), no período seguinte de 6 (seis) meses;

c) com redução de 75% (setenta e cinco por cento), também por igual período de 6 (seis) meses, ao término do qual cessará definitivamente.

Subseção II
Da Aposentadoria por Idade

Art. 48. A aposentadoria por idade será devida ao segurado que, cumprida a carência exigida nesta Lei, completar 65 (sessenta e cinco) anos de idade, se homem, e 60 (sessenta), se mulher. *(Redação dada pela Lei n. 9.032, de 1995)*

§ 1º Os limites fixados no *caput* são reduzidos para sessenta e cinquenta e cinco anos no caso de trabalhadores rurais, respectivamente homens e mulheres, referidos na alínea *a* do inciso I, na alínea *g* do inciso V e nos incisos VI e VII do art. 11. *(Redação dada pela Lei n. 9.876, de 26.11.99)*

§ 2º Para os efeitos do disposto no § 1º deste artigo, o trabalhador rural deve comprovar o efetivo exercício de atividade rural, ainda que de forma descontínua, no período imediatamente anterior ao requerimento do benefício, por tempo igual ao número de meses de contribuição correspondente à carência do benefício pretendido, computado o período a que se referem os incisos III a VIII do § 9º do art. 11 desta Lei. *(Redação dada pela Lei n. 11.718, de 2008)*

§ 3º Os trabalhadores rurais de que trata o § 1º deste artigo que não atendam ao disposto no § 2º deste artigo, mas que satisfaçam essa condição, se forem considerados períodos de contribuição sob outras categorias do segurado, farão jus ao benefício ao completarem 65 (sessenta e cinco) anos de idade, se homem, e 60 (sessenta) anos, se mulher. *(Incluído pela Lei n. 11.718, de 2008)*

§ 4º Para efeito do § 3º deste artigo, o cálculo da renda mensal do benefício será apurado de acordo com o disposto no inciso II do *caput* do art. 29 desta Lei, considerando-se como salário-de-contribuição mensal do período como segurado especial o limite mínimo de salário-de-contribuição da Previdência Social. *(Incluído pela Lei n. 11.718, de 2008)*

Art. 49. A aposentadoria por idade será devida:

I – ao segurado empregado, inclusive o doméstico, a partir:

a) da data do desligamento do emprego, quando requerida até essa data ou até 90 (noventa) dias depois dela; ou

b) da data do requerimento, quando não houver desligamento do emprego ou quando for requerida após o prazo previsto na alínea "a";

II – para os demais segurados, da data da entrada do requerimento.

Art. 50. A aposentadoria por idade, observado o disposto na Seção III deste Capítulo, especialmente no art. 33, consistirá numa renda mensal de 70% (setenta por cento) do salário de benefício, mais 1% (um por cento) deste, por grupo de 12 (doze) contribuições, não podendo ultrapassar 100% (cem por cento) do salário de benefício.

Art. 51. A aposentadoria por idade pode ser requerida pela empresa, desde que o segurado empregado tenha cumprido o período de carência e completado 70 (setenta) anos de idade, se do sexo masculino, ou 65 (sessenta e cinco) anos, se do sexo feminino, sendo compulsória, caso em que será garantida ao empregado a indenização prevista na legislação trabalhista, considerada como data da rescisão do contrato de trabalho a imediatamente anterior à do início da aposentadoria.

Subseção III
Da Aposentadoria por Tempo de Serviço

Art. 52. A aposentadoria por tempo de serviço será devida, cumprida a carência exigida nesta Lei, ao segurado que completar 25 (vinte e cinco) anos de serviço, se do sexo feminino, ou 30 (trinta) anos, se do sexo masculino.

Art. 53. A aposentadoria por tempo de serviço, observado o disposto na Seção III deste Capítulo, especialmente no art. 33, consistirá numa renda mensal de:

I – para a mulher: 70% (setenta por cento) do salário de benefício aos 25 (vinte e cinco) anos de serviço, mais 6% (seis por cento) deste, para cada novo ano completo de atividade, até o máximo de 100% (cem por cento) do salário de benefício aos 30 (trinta) anos de serviço;

II – para o homem: 70% (setenta por cento) do salário de benefício aos 30 (trinta) anos de serviço, mais 6% (seis por cento) deste, para cada novo ano completo de atividade, até o máximo de 100% (cem por cento) do salário de benefício aos 35 (trinta e cinco) anos de serviço.

Art. 54. A data do início da aposentadoria por tempo de serviço será fixada da mesma forma que a da aposentadoria por idade, conforme o disposto no art. 49.

Art. 55. O tempo de serviço será comprovado na forma estabelecida no Regulamento, compreendendo, além do correspondente às atividades de qualquer das categorias de segurados de que trata o art. 11 desta Lei, mesmo que anterior à perda da qualidade de segurado:

I – o tempo de serviço militar, inclusive o voluntário, e o previsto no § 1º do art. 143 da Constituição Federal, ainda que anterior à filiação ao Regime Geral de Previdência Social, desde que não tenha sido contado para inatividade remunerada nas Forças Armadas ou aposentadoria no serviço público;

II – o tempo intercalado em que esteve em gozo de auxílio-doença ou aposentadoria por invalidez;

III – o tempo de contribuição efetuada como segurado facultativo; *(Redação dada pela Lei n. 9.032, de 1995)*

IV – o tempo de serviço referente ao exercício de mandato eletivo federal, estadual ou municipal, desde que não tenha sido contado para efeito de aposentadoria por outro regime de previdência social; *(Redação dada pela Lei n. 9.506, de 1997)*

V – o tempo de contribuição efetuado por segurado depois de ter deixado de exercer atividade remunerada que o enquadrava no art. 11 desta Lei;

VI – o tempo de contribuição efetuado com base nos artigos 8º e 9º da Lei n. 8.162, de 8 de janeiro de 1991, pelo segurado definido no artigo 11, inciso I, alínea "g", desta Lei, sendo tais contribuições computadas para efeito de carência. *(Incluído pela Lei n. 8.647, de 1993)*

§ 1º A averbação de tempo de serviço durante o qual o exercício da atividade não determinava filiação obrigatória ao anterior Regime de Previdência Social Urbana só será admitida mediante o recolhimento das contribuições correspondentes, conforme dispuser o Regulamento, observado o disposto no § 2º.

§ 2º O tempo de serviço do segurado trabalhador rural, anterior à data de início de vigência desta Lei, será computado independentemente do recolhimento das contribuições a ele correspondentes, exceto para efeito de carência, conforme dispuser o Regulamento.

§ 3º A comprovação do tempo de serviço para os efeitos desta Lei, inclusive mediante justificação administrativa ou judicial, conforme o disposto no art. 108, só produzirá efeito quando baseada em início de prova material, não sendo admitida prova exclusivamente testemunhal, salvo na ocorrência de motivo de força maior ou caso fortuito, conforme disposto no Regulamento.

§ 4º Não será computado como tempo de contribuição, para efeito de concessão do benefício de que trata esta subseção, o período em que o segurado contribuinte individual ou facultativo tiver contribuído na forma do § 2º do art. 21 da Lei nº 8.212, de 24 de julho de 1991, salvo se tiver complementado as contribuições na forma do § 3º do mesmo artigo. *(Incluído pela Lei Complementar n. 123, de 2006)*

Art. 56. O professor, após 30 (trinta) anos, e a professora, após 25 (vinte e cinco) anos de efetivo exercício em funções de magistério poderão aposentar-se por tempo de serviço, com renda mensal correspondente a 100% (cem por cento) do salário de benefício, observado o disposto na Seção III deste Capítulo.

....

Subseção V
Do Auxílio-Doença

Art. 59. O auxílio-doença será devido ao segurado que, havendo cumprido, quando for o caso, o período de carência exigido nesta Lei, ficar incapacitado para o seu trabalho ou para a sua atividade habitual por mais de 15 (quinze) dias consecutivos.

Parágrafo único. Não será devido auxílio-doença ao segurado que se filiar ao Regime Geral de Previdência Social já portador da doença ou da lesão invocada como causa para o benefício, salvo quando a incapacidade sobrevier por motivo de progressão ou agravamento dessa doença ou lesão.

Art. 60. O auxílio-doença será devido ao segurado empregado a contar do décimo sexto dia do afastamento da atividade, e, no caso dos demais segurados, a contar da data do início da incapacidade e enquanto ele permanecer incapaz. *(Redação dada pela Lei n. 9.876, de 26.11.99)*

§ 1º Quando requerido por segurado afastado da atividade por mais de 30 (trinta) dias, o auxílio-doença será devido a contar da data da entrada do requerimento.

§ 2º *(Revogado pela Lei n. 9.032, de 1995)*

§ 3º Durante os primeiros quinze dias consecutivos ao do afastamento da atividade por motivo de doença, incumbirá à empresa pagar ao segurado empregado o seu salário integral. *(Redação dada pela Lei n. 9.876, de 26.11.99)*

§ 4º A empresa que dispuser de serviço médico, próprio ou em convênio, terá a seu cargo o exame médico e o abono das faltas correspondentes ao período referido no § 3º, somente devendo encaminhar o segurado à perícia médica da Previdência Social quando a incapacidade ultrapassar 15 (quinze) dias.

§ 5º Nos casos de impossibilidade de realização de perícia médica pelo órgão ou setor próprio competente, assim como de efetiva incapacidade física ou técnica de implementação das atividades e de atendimento adequado à clientela da previdência social, o INSS poderá, sem ônus para os segurados, celebrar, nos termos do regulamento, convênios, termos de execução descentralizada, termos de fomento ou de colaboração, contratos não onerosos ou acordos de cooperação técnica para realização de perícia médica, por delegação ou simples cooperação técnica, sob sua coordenação e supervisão, com: *(Incluído pela Lei n. 13.135, de 2015)*

I – órgãos e entidades públicos ou que integrem o Sistema Único de Saúde (SUS); *(Incluído pela Lei n. 13.135, de 2015)*

II – (VETADO);

III – (VETADO).

§ 6º O segurado que durante o gozo do auxílio-doença vier a exercer atividade que lhe garanta subsistência poderá ter o benefício cancelado a partir do retorno à atividade. *(Incluído pela Lei n. 13.135, de 2015)*

§ 7º Na hipótese do § 6º, caso o segurado, durante o gozo do auxílio-doença, venha a exercer atividade diversa daquela que gerou o benefício, deverá ser verificada a incapacidade para cada uma das atividades exercidas. *(Incluído pela Lei n. 13.135, de 2015)*

Art. 61. O auxílio-doença, inclusive o decorrente de acidente do trabalho, consistirá numa renda mensal correspondente a 91% (noventa e um por cento) do salário de benefício, observado o disposto na Seção III, especialmente no art. 33 desta Lei. *(Redação dada pela Lei n. 9.032, de 1995)*

Art. 62. O segurado em gozo de auxílio-doença, insusceptível de recuperação para sua atividade habitual, deverá submeter-se a processo de reabilitação profissional para o exercício de outra atividade. Não cessará o benefício até que seja dado como habilitado para o desempenho de nova atividade que lhe garanta a subsistência ou, quando considerado não-recuperável, for aposentado por invalidez.

Art. 63. O segurado empregado, inclusive o doméstico, em gozo de auxílio-doença será considerado pela empresa e pelo empregador doméstico como licenciado. *(Redação dada pela Lei Complementar n. 150, de 2015)*

Parágrafo único. A empresa que garantir ao segurado licença remunerada ficará obrigada a pagar-lhe durante o período de auxílio-doença a eventual diferença entre o valor deste e a importância garantida pela licença.

Art. 64. *(Revogado pela Lei n. 9.032, de 1995)*

Subseção VI
Do Salário-Família

Art. 65. O salário-família será devido, mensalmente, ao segurado empregado, inclusive o doméstico, e ao segurado trabalhador avulso, na proporção do respectivo número de filhos ou equiparados nos termos do § 2º do art. 16 desta Lei, observado o disposto no art. 66. *(Redação dada pela Lei Complementar n. 150, de 2015)*

Parágrafo único. O aposentado por invalidez ou por idade e os demais aposentados com 65 (sessenta e cinco) anos ou mais de idade, se do sexo masculino, ou 60 (sessenta) anos ou mais, se do feminino, terão direito ao salário-família, pago juntamente com a aposentadoria.

Art. 66. O valor da cota do salário-família por filho ou equiparado de qualquer condição, até 14 (quatorze) anos de idade ou inválido de qualquer idade é de:

I – Cr$ 1.360,00 (um mil trezentos e sessenta cruzeiros), para o segurado com remuneração mensal não superior a Cr$ 51.000,00 (cinquenta e um mil cruzeiros); *(Atualizações decorrentes de normas de hierarquia inferior)*

II – Cr$ 170,00 (cento e setenta cruzeiros), para o segurado com remuneração mensal superior a Cr$ 51.000,00 (cinquenta e um mil cruzeiros). *(Atualizações decorrentes de normas de hierarquia inferior)*

Art. 67. O pagamento do salário-família é condicionado à apresentação da certidão de nascimento do filho ou da documentação relativa ao equiparado ou ao inválido, e à apresentação anual de atestado de vacinação obrigatória e de comprovação de frequência à escola do filho ou equiparado, nos termos do regulamento. *(Redação Dada pela Lei n. 9.876, de 26.11.99)*

Parágrafo único. O empregado doméstico deve apresentar apenas a certidão de nascimento referida no caput. *(Incluído pela Lei Complementar n. 150, de 2015)*

Art. 68. As cotas do salário-família serão pagas pela empresa ou pelo empregador doméstico, mensalmente, junto com o salário, efetivando-se a compensação quando do recolhimento das contribuições, conforme dispuser o Regulamento. *(Redação dada pela Lei Complementar n. 150, de 2015)*

§ 1º A empresa ou o empregador doméstico conservarão durante 10 (dez) anos os comprovantes de pagamento e as cópias das certidões correspondentes, para fiscalização da Previdência Social. *(Redação dada pela Lei Complementar n. 150, de 2015)*

§ 2º Quando o pagamento do salário não for mensal, o salário-família será pago juntamente com o último pagamento relativo ao mês.

Art. 69. O salário-família devido ao trabalhador avulso poderá ser recebido pelo sindicato de classe respectivo, que se incumbirá de elaborar as folhas correspondentes e de distribuí-lo.

Art. 70. A cota do salário-família não será incorporada, para qualquer efeito, ao salário ou ao benefício.

Subseção VII
Do Salário-Maternidade

Art. 71. O salário-maternidade é devido à segurada da Previdência Social, durante 120 (cento e vinte) dias, com início no período entre 28 (vinte e oito) dias antes do parto e a data de ocorrência deste, observadas as situações e condições previstas na legislação no que concerne à proteção à maternidade. *(Redação dada pala Lei n. 10.710, de 5.8.2003)*

Art. 71-A. Ao segurado ou segurada da Previdência Social que adotar ou obtiver guarda judicial para fins de adoção de criança é devido salário-maternidade pelo período de 120 (cento e vinte) dias. *(Redação dada pela Lei n. 12.873, de 2013)*

§ 1º O salário-maternidade de que trata este artigo será pago diretamente pela Previdência Social. *(Redação dada pela Lei n. 12.873, de 2013)*

§ 2º Ressalvado o pagamento do salário-maternidade à mãe biológica e o disposto no art. 71-B, não poderá ser concedido o benefício a mais de um segurado, decorrente do mesmo processo de adoção ou guarda, ainda que os cônjuges ou companheiros estejam submetidos a Regime Próprio de Previdência Social. *(Incluído pela Lei n. 12.873, de 2013)*

Art. 71-B. No caso de falecimento da segurada ou segurado que fizer jus ao recebimento do salário-maternidade, o benefício será pago, por todo o período ou pelo tempo restante a que teria direito, ao cônjuge ou companheiro sobrevivente que tenha a qualidade de segurado, exceto no caso do falecimento do filho ou de seu abandono, observadas as normas aplicáveis ao salário-maternidade. *(Incluído pela Lei n. 12.873, de 2013)*

§ 1º O pagamento do benefício de que trata o caput deverá ser requerido até o último dia do prazo previsto para o término do salário-maternidade originário. *(Incluído pela Lei n. 12.873, de 2013)*

§ 2º O benefício de que trata o caput será pago diretamente pela Previdência Social durante o período entre a data do óbito e o último dia do término do salário-maternidade originário e será calculado sobre: *(Incluído pela Lei n. 12.873, de 2013)*

I – a remuneração integral, para o empregado e trabalhador avulso; *(Incluído pela Lei n. 12.873, de 2013)*

II – o último salário-de-contribuição, para o empregado doméstico; *(Incluído pela Lei n. 12.873, de 2013)*

III – 1/12 (um doze avos) da soma dos 12 (doze) últimos salários de contribuição, apurados em um período não superior a 15 (quinze) meses, para o contribuinte individual, facultativo e desempregado; e *(Incluído pela Lei n. 12.873, de 2013)*

IV – o valor do salário mínimo, para o segurado especial. *(Incluído pela Lei n. 12.873, de 2013)*

§ 3º Aplica-se o disposto neste artigo ao segurado que adotar ou obtiver guarda judicial para fins de adoção. *(Incluído pela Lei n. 12.873, de 2013)*

Art. 71-C. A percepção do salário-maternidade, inclusive o previsto no art. 71-B, está condicionada ao afastamento do segurado do trabalho ou da atividade desempenhada, sob pena de suspensão do benefício. *(Incluído pela Lei n. 12.873, de 2013)*

Art. 72. O salário-maternidade para a segurada empregada ou trabalhadora avulsa consistirá numa renda mensal igual a sua remuneração integral. *(Redação dada pela Lei n. 9.876, de 26.11.99)*

§ 1º Cabe à empresa pagar o salário-maternidade devido à respectiva empregada gestante, efetivando-se a compensação, observado o disposto no art. 248 da Constituição Federal, quando do recolhimento das contribuições incidentes sobre a folha de salários e demais rendimentos pagos ou creditados, a qualquer título, à pessoa física que lhe preste serviço. *(Incluído pela Lei n. 10.710, de 5.8.2003)*

§ 2º A empresa deverá conservar durante 10 (dez) anos os comprovantes dos pagamentos e os atestados correspondentes para exame pela fiscalização da Previdência Social. *(Incluído pela Lei n. 10.710, de 5.8.2003)*

§ 3º O salário-maternidade devido à trabalhadora avulsa e à empregada do microempreendedor individual de que trata o art. 18-A da Lei Complementar n. 123, de 14 de dezembro de 2006, será pago diretamente pela Previdência Social. *(Redação dada pela Lei n. 12.470, de 2011)*

Art. 73. Assegurado o valor de um salário-mínimo, o salário-maternidade para as demais seguradas, pago diretamente pela Previdência Social, consistirá: *(Redação dada pela Lei n. 10.710, de 5.8.2003)*

I – em um valor correspondente ao do seu último salário de contribuição, para a segurada empregada doméstica; *(Incluído pela lei n. 9.876, de 26.11.99)*

II – em um doze avos do valor sobre o qual incidiu sua última contribuição anual, para a segurada especial; *(Incluído pela lei n. 9.876, de 26.11.99)*

III – em um doze avos da soma dos doze últimos salários-de-contribuição, apurados em um período não superior a quinze meses, para as demais seguradas. *(Incluído pela lei n. 9.876, de 26.11.99)*

Subseção VIII
Da Pensão por Morte

Art. 74. A pensão por morte será devida ao conjunto dos dependentes do segurado que falecer, aposentado ou não, a contar da data: *(Redação dada pela Lei n. 9.528, de 1997)*

I – do óbito, quando requerida até trinta dias depois deste; *(Incluído pela Lei n. 9.528, de 1997)*

II – do requerimento, quando requerida após o prazo previsto no inciso anterior; *(Incluído pela Lei n. 9.528, de 1997)*

III – da decisão judicial, no caso de morte presumida. *(Incluído pela Lei n. 9.528, de 1997)*

§ 1º Perde o direito à pensão por morte, após o trânsito em julgado, o condenado pela prática de crime de que tenha dolosamente resultado a morte do segurado.*(Incluído pela Lei n. 13.135, de 2015)*

§ 2º Perde o direito à pensão por morte o cônjuge, o companheiro ou a companheira se comprovada, a qualquer tempo, simulação ou fraude no casamento ou na união estável, ou a formalização desses com o fim exclusivo de constituir benefício previdenciário, apuradas em processo judicial no qual será assegurado o direito ao contraditório e à ampla defesa. *(Incluído pela Lei n. 13.135, de 2015)*

Art. 75. O valor mensal da pensão por morte será de cem por cento do valor da aposentadoria que o segurado recebia ou daquela a que teria direito se estivesse aposentado por invalidez na data de seu falecimento, observado o disposto no art. 33 desta lei. *(Redação dada pela Lei n. 9.528, de 1997)*

Art. 76. A concessão da pensão por morte não será protelada pela falta de habilitação de outro possível dependente, e qualquer inscrição ou habilitação posterior que importe em exclusão ou inclusão de dependente só produzirá efeito a contar da data da inscrição ou habilitação.

§ 1º O cônjuge ausente não exclui do direito à pensão por morte o companheiro ou a companheira, que somente fará jus ao benefício a partir da data de sua habilitação e mediante prova de dependência econômica.

§ 2º O cônjuge divorciado ou separado judicialmente ou de fato que recebia pensão de alimentos concorrerá em igualdade de condições com os dependentes referidos no inciso I do art. 16 desta Lei.

Art. 77. A pensão por morte, havendo mais de um pensionista, será rateada entre todos em parte iguais. *(Redação dada pela Lei n. 9.032, de 1995)*

§ 1º Reverterá em favor dos demais a parte daquele cujo direito à pensão cessar. *(Redação dada pela Lei n. 9.032, de 1995)*

§ 2º O direito à percepção de cada cota individual cessará: *(Redação dada pela Lei n. 13.135, de 2015)*

I – pela morte do pensionista; *(Incluído pela Lei n. 9.032, de 1995)*

II – para filho, pessoa a ele equiparada ou irmão, de ambos os sexos, ao completar 21 (vinte e um) anos de idade, salvo se for inválido ou com deficiência; *(Redação dada pela Lei n. 13.135, de 2015)*

III – para filho ou irmão inválido, pela cessação da invalidez; *(Redação dada pela Lei n. 13.135, de 2015)*

IV - pelo decurso do prazo de recebimento de pensão pelo cônjuge, companheiro ou companheira, nos termos do § 5º. *(Incluído pela Medida Provisória n. 664, de 2014) (Vide Lei n. 13.135, de 2015)*

V – para cônjuge ou companheiro: *(Incluído pela Lei n. 13.135, de 2015)*

a) se inválido ou com deficiência, pela cessação da invalidez ou pelo afastamento da deficiência, respeitados os períodos mínimos decorrentes da aplicação das alíneas "b" e "c"; *(Incluído pela Lei n. 13.135, de 2015)*

b) em 4 (quatro) meses, se o óbito ocorrer sem que o segurado tenha vertido 18 (dezoito) contribuições mensais ou se o casamento ou a união estável tiverem sido iniciados em menos de 2 (dois) anos antes do óbito do segurado; *(Incluído pela Lei n. 13.135, de 2015)*

c) transcorridos os seguintes períodos, estabelecidos de acordo com a idade do beneficiário na data de óbito do segurado, se o óbito ocorrer depois de vertidas 18 (dezoito) contribuições mensais e pelo menos 2 (dois) anos após o início do casamento ou da união estável: *(Incluído pela Lei n. 13.135, de 2015)*

1) 3 (três) anos, com menos de 21 (vinte e um) anos de idade; *(Incluído pela Lei n. 13.135, de 2015)*

2) 6 (seis) anos, entre 21 (vinte e um) e 26 (vinte e seis) anos de idade; *(Incluído pela Lei n. 13.135, de 2015)*

3) 10 (dez) anos, entre 27 (vinte e sete) e 29 (vinte e nove) anos de idade; *(Incluído pela Lei n. 13.135, de 2015)*

4) 15 (quinze) anos, entre 30 (trinta) e 40 (quarenta) anos de idade; *(Incluído pela Lei n. 13.135, de 2015)*

5) 20 (vinte) anos, entre 41 (quarenta e um) e 43 (quarenta e três) anos de idade; *(Incluído pela Lei n. 13.135, de 2015)*

6) vitalícia, com 44 (quarenta e quatro) ou mais anos de idade. *(Incluído pela Lei n. 13.135, de 2015)*

§ 2º-A. Serão aplicados, conforme o caso, a regra contida na alínea "a" ou os prazos previstos na alínea "c", ambas no inciso V do § 2º, se o óbito do segurado decorrer de acidente de qualquer natureza ou de doença profissional ou do trabalho, independentemente do recolhimento de 18 (dezoito) contribuições mensais ou da comprovação de 2 (dois) anos de casamento ou de união estável. *(Incluído pela Lei n. 13.135, de 2015)*

§ 2º-B. Após o transcurso de pelo menos 3 (três) anos e desde que nesse período se verifique o incremento mínimo de um ano inteiro na média nacional única, para ambos os sexos, correspondente à expectativa de sobrevida da população brasileira ao nascer, poderão ser fixadas, em números inteiros, novas idades para os fins previstos na alínea "c" do inciso V do § 2º, em ato do Ministro de Estado da Previdência Social, limitado o acréscimo na comparação com as idades anteriores ao referido incremento. *(Incluído pela Lei n. 13.135, de 2015)*

§ 3º Com a extinção da parte do último pensionista a pensão extinguir-se-á. *(Incluído pela Lei n. 9.032, de 1995)*

§ 4º *(Revogado).*

§ 5º O tempo de contribuição a Regime Próprio de Previdência Social (RPPS) será considerado na contagem das 18 (dezoito) contribuições mensais de que tratam as alíneas "b" e "c" do inciso V do § 2º. *(Incluído pela Lei n. 13.135, de 2015)*

Art. 78. Por morte presumida do segurado, declarada pela autoridade judicial competente, depois de 6 (seis) meses de ausência, será concedida pensão provisória, na forma desta Subseção.

§ 1º Mediante prova do desaparecimento do segurado em consequência de acidente, desastre ou catástrofe, seus dependentes farão jus à pensão provisória independentemente da declaração e do prazo deste artigo.

§ 2º Verificado o reaparecimento do segurado, o pagamento da pensão cessará imediatamente, desobrigados os dependentes da reposição dos valores recebidos, salvo má-fé.

Art. 79. Não se aplica o disposto no art. 103 desta Lei ao pensionista menor, incapaz ou ausente, na forma da lei.

Subseção IX
Do Auxílio-Reclusão

Art. 80. O auxílio-reclusão será devido, nas mesmas condições da pensão por morte, aos dependentes do segurado recolhido à prisão, que não receber remuneração da empresa nem estiver em gozo de auxílio-doença, de aposentadoria ou de abono de permanência em serviço.

Parágrafo único. O requerimento do auxílio-reclusão deverá ser instruído com certidão do efetivo recolhimento à prisão, sendo obrigatória, para a manutenção do benefício, a apresentação de declaração de permanência na condição de presidiário.

....

Subseção XI
Do Auxílio-Acidente

Art. 86. O auxílio-acidente será concedido, como indenização, ao segurado quando, após consolidação das lesões decorrentes de acidente de qualquer natureza, resultarem sequelas que impliquem redução da capacidade para o trabalho que habitualmente exerce. *(Redação dada pela Lei n. 9.528, de 1997)*

§ 1º O auxílio-acidente mensal corresponderá a cinquenta por cento do salário de benefício e será devido, observado o disposto no § 5º, até a véspera do início de qualquer aposentadoria ou até a data do óbito do segurado. *(Redação dada pela Lei n. 9.528, de 1997)*

§ 2º O auxílio-acidente será devido a partir do dia seguinte ao da cessação do auxílio-doença, independentemente de qualquer remuneração ou rendimento auferido pelo acidentado, vedada sua acumulação com qualquer aposentadoria. *(Redação dada pela Lei n. 9.528, de 1997)*

§ 3º O recebimento de salário ou concessão de outro benefício, exceto de aposentadoria, observado o disposto no § 5º, não prejudicará a continuidade do recebimento do auxílio-acidente. *(Redação dada pela Lei n. 9.528, de 1997)*

§ 4º A perda da audição, em qualquer grau, somente proporcionará a concessão do auxílio-acidente, quando, além do reconhecimento de causalidade entre o trabalho e a doença, resultar, comprovadamente, na redução ou perda da capacidade para o trabalho que habitualmente exerce. *(Restabelecido com nova redação pela Lei n. 9.528, de 1997)*

....

Art. 118. O segurado que sofreu acidente do trabalho tem garantida, pelo prazo mínimo de doze meses, a manutenção do seu contrato de trabalho na empresa, após a cessação do auxílio-doença acidentário, independentemente de percepção de auxílio-acidente.

Anexo II
Modelos Práticos

ANEXO 2

MODELO 1

CONTRATO DE EXPERIÊNCIA DE DOMÉSTICO

FULANO(A) DE TAL (*nome do(a) empregador(a)*), brasileiro(a), (*estado civil*), (*profissão*), residente e domiciliado(a) nesta Cidade na Rua_____, n.___, (*bairro*), CEP_____, RG n.___, CPF n._____, nesta ato denominado(a) **empregador(a)**, celebra com **SICRANO(A) DE TAL** (*nome do empregado(a)*), brasileiro(a), (*estado civil*), residente e domiciliado(a) nesta Cidade na Rua_____, n.____, (*bairro*), CEP____, (*não precisa do endereço quando o empregado(a) for dormir no local de trabalho*), Carteira de Trabalho n._____, série____, neste ato denominado(a) **empregado(a)**, o presente **contrato de experiência de doméstico,** mediante as cláusulas e condições a seguir:

1. OBJETO – O(A) **empregado(a)** se obriga à prestação de serviços domésticos na residência do(a) **empregador(a),** sob as orientações deste(a), comprometendo-se a proceder com disciplina, lealdade e respeito aos moradores e obedecer os costumes da casa. Exercerá a(s) função(ões) de _____ (*aqui deve ser citada uma ou mais de uma funções, a exemplo de: motorista, caseiro, cozinheira, babá, arrumadeira, cuidador(a) de idoso etc.*) realizando, principalmente, as tarefas de _____ ou outras que sejam compatíveis com suas condições pessoais.

Parágrafo primeiro – O(A) **empregado(a)** se compromete a acompanhar o **empregador**(a) em eventuais viagens, que não lhe tragam nenhum prejuízo pessoal, direto ou indireto, desde que receba, como extras, as horas excedentes da jornada normal ou que sejam elas compensadas, ficando ciente de que as horas de repouso não serão computadas como de efetivo trabalho ou à disposição.

Parágrafo segundo – O(A) **empregador(a)** poderá determinar que o(a) **empregado(a)** use farda durante a prestação do serviço, que lhe será fornecida gratuitamente, sendo proibido qualquer desconto do salário a esse título.

Atenção – *Poderá ser acrescentado um terceiro parágrafo se o empregado(a) for dormir no local de trabalho, nos seguintes termos:*

Parágrafo terceiro – O(A) **empregado(a)** concorda em pernoitar no local do trabalho sem que as horas de repouso sejam computadas como horas à disposição do(a) **empregador(a)**, desde que não seja interrompido(a) em seu normal descanso, salvo força maior ou necessidade extrema da família. O(A) **empregador(a)**, por sua vez, se compromete a fornecer, para a dormida, cômodo limpo, arejado e digno, incluindo banheiro individual.

2. DURAÇÃO – Este contrato está sendo firmado por **tempo determinado**, com vigência a partir da data de sua assinatura e com duração de **90 (noventa) dias**, ficando assegurado aos contratantes o direito recíproco de rescisão do presente contrato antes de expirado o prazo ora ajustado, nos termos do art. 481 da CLT.

3. SALÁRIO – O salário mensal é fixado no valor de R$ ____, (*por extenso*), que será pago até o quinto dia útil do mês subsequente ao da prestação do serviço, autorizado o desconto legal em favor da Previdência Social, 6% do vale-transporte (*se for o caso*) ou outro desconto expressamente autorizado, por escrito, pelo(a) **empregado(a)**. O salário deverá sempre ser reajustado quando assim for determinado em lei ou em instrumento coletivo.

Parágrafo único – Na hipótese de algum prejuízo material ocorrer no âmbito da residência do **empregador(a)**, por culpa ou dolo do(a) **empregado(a),** este(a) responderá pelos danos causados, podendo o valor ser descontado de seu salário, de forma parcelada, de modo que não ultrapasse o limite de 20% (vinte por cento) do total da remuneração mensal.

4. JORNADA DE TRABALHO – A prestação de serviço pelo **empregado(a)** se dará de segunda a sábado, com jornada máxima de 08 (oito) horas diárias ou 44 (quarenta e quatro) semanais, obedecidos o intervalo mínimo de uma hora por dia e descanso semanal remunerado aos domingos, obrigando-se o **empregado(a)** a assinalar os horários de trabalho e de intervalo em folha ou livro de ponto. De logo, o **empregado(a)** concorda com a prorrogação da jornada, sem acréscimo na remuneração, desde que haja a compensação com redução ou extinção de horas em outro dia, dentro do mesmo mês. O eventual trabalho num domingo, sem acréscimo remuneratório, será compensado com folga em outro dia da semana ou pago em dobro, se não houver compensação.

5. HORAS EXTRAS E ADICIONAL NOTURNO – Por necessidade do serviço, a critério do **empregador(a)**, o(a) **empregado(a)** concorda que sua jornada de trabalho poderá eventualmente ser prorrogada, sem compensação, até o limite mensal de 40 (quarenta) horas, devendo, nesse caso, o **empregado(a)** receber horas extras, com o adicional de 50% (cinquenta por cento) sobre o valor da hora normal, sendo que, se o horário extra estiver compreendido entre 22 horas de um dia e 05 horas do dia imediato, haverá ainda um acréscimo de 20% sobre a hora normal, a título de adicional noturno. O saldo de horas que excederem as 40 (quarenta) primeiras horas mensais, quando for o caso, será compensado no período máximo de 1 (um) ano.

Atenção – *Se o(a) empregado(a) for cuidador de idoso ou babá e houver necessidade de permanecer disponível durante a noite para atender a eventual necessidade do idoso ou da criança, poderá ser incluído um parágrafo único nos seguintes termos:*

Parágrafo único – Em vista da peculiaridade de sua função, o(a) **empregado(a)** se obriga a atender a eventual necessidade do idoso (ou da criança) durante o horário noturno, devendo receber, como remuneração de cada hora de repouso e que estará à disposição, o equivalente a 2/3 (dois terços) do valor da hora normal, até o limite de 12 (doze) horas por dia, sem prejuízo do adicional noturno.

6. FORO – As partes elegem o foro desta Cidade para dirimir qualquer litígio resultante da execução do presente contrato.

E, por estarem inteiramente de acordo com as cláusulas e condições acima estabelecidas, as partes assinam este contrato, em duas vias, juntamente com duas testemunhas.

Local, ___ de _____ de 20___ .

EMPREGADOR(A) – _____

EMPREGADO(A) – _____

TESTEMUNHAS – _____
_____

Modelo 2

CONTRATO DE TRABALHO DO DOMÉSTICO
POR TEMPO INDETERMINADO, COM CLÁUSULA DE EXPERIÊNCIA

FULANO(A) DE TAL (*nome do(a) empregador(a)*), brasileiro(a), (*estado civil*), (*profissão*), residente e domiciliado(a) nesta Cidade na Rua_____, n. ___, (*bairro*), CEP_____, RG n. ___, CPF n.____, nesta ato denominado(a) **empregador(a)**, celebra com **SICRANO(A) DE TAL** (*nome do empregado(a)*), brasileiro(a), (*estado civil*), residente e domiciliado(a) nesta Cidade na Rua_____, n. ___, (*bairro*), CEP____, (*não precisa do endereço quando o empregado(a) for dormir no local de trabalho*), Carteira de Trabalho n. _____, série ____, neste ato denominado(a) **empregado(a)**, o presente **contrato de trabalho doméstico**, mediante as cláusulas e condições a seguir:

1. OBJETO – O(A) **empregado(a)** se obriga à prestação de serviços domésticos na residência do(a) **empregador(a)**, sob as orientações deste(a), comprometendo-se a proceder com disciplina, lealdade e respeito aos moradores e costumes da casa. Exercerá a(s) função(ões) de _____ (*aqui deve ser citada uma ou mais de uma das funções ora exemplificadas: motorista, caseiro, cozinheira, babá, arrumadeira, cuidador(a) de idoso etc.*), realizando, principalmente, as tarefas de _____ ou outras que sejam compatíveis com suas condições pessoais.

Parágrafo primeiro – O(A) **empregado(a)** se compromete a acompanhar o **empregador(a)** em eventuais viagens, que não lhe tragam nenhum prejuízo pessoal, direto ou indireto, desde que receba, como extras, as horas excedentes da jornada normal ou que sejam elas compensadas, ficando ciente de que as horas de repouso não serão computadas como de efetivo trabalho ou à disposição.

Parágrafo segundo – O(A) **empregador(a)** poderá determinar que o(a) **empregado(a)** use farda durante a prestação do serviço, que lhe será fornecida gratuitamente, sendo proibido qualquer desconto do salário a esse título.

Atenção – *Poderá ser acrescentado um terceiro parágrafo se o empregado(a) for dormir no local de trabalho, nos seguintes termos:*

Parágrafo terceiro – O(A) **empregado(a)** concorda em pernoitar no local do trabalho sem que as horas de repouso sejam computadas como horas à disposição do(a) **empregador(a)**, desde que não seja interrompido(a) em seu normal descanso, salvo força maior ou necessidade extrema da família. O(A) **empregador(a)**, por sua vez, se compromete a fornecer, para a dormida, cômodo limpo, arejado e digno, incluindo banheiro individual.

2. DURAÇÃO – Em princípio, este contrato está sendo firmado por tempo indeterminado, com vigência a partir da data de sua assinatura, porém fica estabelecido, por livre vontade das partes, que os primeiros 90 (noventa dias) serão considerados de experiência, podendo qualquer um dos contratantes rescindi-lo sem prévio aviso, após expirado o prazo.

3. SALÁRIO – O salário mensal é fixado no valor de R$ ____, (*por extenso*), que será pago até o quinto dia útil do mês subsequente ao da prestação do serviço, autorizado o desconto legal em favor da Previdência Social, 6% do vale-transporte (*se for ocaso*) ou outro desconto expressamente autorizado, por escrito, pelo(a) **empregado(a)**. O salário deverá sempre ser reajustado quando assim for determinado em lei, acordo coletivo ou convenção coletiva.

Parágrafo único – Na hipótese de algum prejuízo material ocorrer no âmbito da residência do **empregador(a)**, por culpa ou dolo do(a) **empregado(a),** este(a) responderá pelos danos causados, podendo o valor ser descontado de seu salário, de forma parcelada, de modo que não ultrapasse o limite de 20% (vinte por cento) do total da remuneração mensal.

4. JORNADA DE TRABALHO – A prestação de serviço pelo **empregado(a)** se dará de segunda a sábado, com jornada máxima de 08 (oito) horas diárias ou 44 (quarenta e quatro) semanais, obedecidos o intervalo mínimo de uma hora por dia e descanso semanal remunerado aos domingos, obrigando-se o **empregado(a)** a assinalar os horários de trabalho e de intervalo em folha ou livro de ponto. De logo, o **empregado(a)** concorda com a prorrogação da jornada, sem acréscimo na remuneração, desde que haja a compensação com redução ou extinção de horas em outro dia, dentro do mesmo mês. O eventual trabalho num domingo, sem acréscimo remuneratório, será compensado com folga em outro dia da semana ou pago em dobro, se não houver compensação.

5. HORAS EXTRAS E ADICIONAL NOTURNO – Por necessidade do serviço, a critério do **empregador(a)**, o(a) **empregado(a)** concorda que sua jornada de trabalho poderá eventualmente ser prorrogada, sem compensação, até o limite mensal de 40 (quarenta) horas mensais, devendo, nesse caso, o **empregado(a)** receber horas extras, com o adicional de 50% (cinquenta por cento) sobre o valor da hora normal, sendo que, se o horário extra estiver compreendido entre 22 horas de um dia e 05 horas do dia imediato, haverá ainda um acréscimo de 20% sobre a hora normal, a título de adicional noturno. Ultrapassado o limite de 40 (quarenta) horas extras por mês, o(a) **empregado(a)** concorda com a compensação delas no prazo de um ano.

Atenção – Se o(a) empregado(a) for cuidador de idoso ou babá e houver necessidade de permanecer disponível durante a noite para atender a eventual necessidade do idoso ou da criança, será retirado o parágrafo terceiro da primeira cláusula e será incluído um parágrafo único nesta cláusula nos seguintes termos:

Parágrafo único – Em vista da peculiaridade de sua função, o(a) **empregado(a)** se obriga a atender a eventual necessidade do idoso (ou da criança) durante o horário noturno, devendo receber, como remuneração das horas de repouso e que está à disposição, um acréscimo de 2/3 (dois terços) do valor da hora normal, até o limite de 12 (doze) horas por dia, sem prejuízo do adicional noturno.

Observação – *Para fugir do pagamento do acréscimo referido no parágrafo acima, outra solução é contratar o empregado(a) para trabalhar pelo sistema 12x36 (12 horas de labor por 36 horas de descanso), sendo que, na hipótese, seriam necessários dois empregados(as) que se revezariam em dias alternados.*

6. FORO – As partes elegem o foro desta Cidade para dirimir qualquer litígio resultante da execução do presente contrato.

E, por estarem inteiramente de acordo com as cláusulas e condições acima estabelecidas, as partes assinam este contrato, em duas vias, juntamente com duas testemunhas.

Local, ___ de _____ de 20___.

EMPREGADOR(A) – _____

EMPREGADO(A) – _____

TESTEMUNHAS – _____

_____

Modelo 3

CONTRATO DE TRABALHO DO DOMÉSTICO
POR TEMPO INDETERMINADO

FULANO(A) DE TAL (*nome do(a) empregador(a)*), brasileiro(a), (*estado civil*), (*profissão*), residente e domiciliado(a) nesta Cidade na Rua_____, n. ___, (*bairro*), CEP_____, RG n. ___, CPF n.____, nesta ato denominado(a) **empregador(a),** celebra com **SICRANO(A) DE TAL** (*nome do empregado(a)*), brasileiro(a), (*estado civil*), residente e domiciliado(a) nesta Cidade na Rua _____, n. ____, (*bairro*), CEP ____, (*não precisa do endereço quando o empregado(a) for dormir no local de trabalho*), Carteira de Trabalho n. _____, série ____, neste ato denominado(a) **empregado(a)**, o presente **contrato de trabalho de doméstico,** mediante as cláusulas e condições a seguir:

1. OBJETO – O(A) **empregado(a)** se obriga à prestação de serviços domésticos na residência do(a) **empregador(a),** sob as orientações deste(a), comprometendo-se a proceder com disciplina, lealdade e respeito aos moradores e obedecer os costumes da casa. Exercerá a(s) função(ções) de _____ (*aqui deve ser citada uma ou mais de uma função, a exemplo de: motorista, caseiro, cozinheira, babá, arrumadeira, cuidador(a) de idoso etc.*), realizando, principalmente, as tarefas de _____ ou outras que sejam compatíveis com suas condições pessoais.

Parágrafo primeiro – O(A) **empregado(a)** se compromete a acompanhar o **empregador**(a) em eventuais viagens, que não lhe tragam nenhum prejuízo pessoal, direto ou indireto, desde que receba, como extras, as horas excedentes da jornada normal ou que sejam elas compensadas, ficando ciente de que as horas de repouso não serão computadas como de efetivo trabalho ou à disposição.

Parágrafo segundo – O(A) **empregador(a)** poderá determinar que o(a) **empregado(a)** use farda durante a prestação do serviço, que lhe será fornecida gratuitamente, sendo proibido qualquer desconto do salário a esse título.

Atenção – *Poderá ser acrescentado um terceiro parágrafo se o empregado(a) for dormir no local de trabalho, nos seguintes termos:*

Parágrafo terceiro – O(A) **empregado(a)** concorda em pernoitar no local do trabalho sem que as horas de repouso sejam computadas como horas à disposição do(a) **empregador(a)**, desde que não seja interrompido(a) em seu normal descanso, salvo força maior ou necessidade extrema da família. O(A) **empregador(a)**, por sua vez, se compromete a fornecer, para a dormida, cômodo limpo, arejado e digno, incluindo banheiro individual.

2. DURAÇÃO – Este contrato está sendo firmado **por tempo indeterminado**, com vigência a partir da data de sua assinatura.

3. SALÁRIO – O salário mensal é fixado no valor de R$ ____, *(por extenso)*, que será pago até o quinto dia útil do mês subsequente ao da prestação do serviço, autorizado o desconto legal em favor da Previdência Social, 6% do vale-transporte (*se for o caso*) ou outro desconto expressamente autorizado, por escrito, pelo(a) **empregado(a)**. O salário deverá sempre ser reajustado quando assim for determinado em lei ou instrumento coletivo.

Parágrafo único – Na hipótese de algum prejuízo material ocorrer no âmbito da residência do **empregador(a)**, por culpa ou dolo do(a) **empregado(a),** este(a) responderá pelos danos causados, podendo o valor ser descontado de seu salário, de forma parcelada, de modo que não ultrapasse o limite de 20% (vinte por cento) do total da remuneração mensal.

4. JORNADA DE TRABALHO – A prestação de serviço pelo **empregado(a)** se dará de segunda a sábado, com jornada máxima de 08 (oito) horas diárias ou 44 (quarenta e quatro) semanais, obedecidos o intervalo mínimo de uma hora por dia e descanso semanal remunerado aos domingos, obrigando-se o **empregado(a)** a assinalar os horários de trabalho e de intervalo em folha ou livro de ponto. De logo, o **empregado(a)** concorda com a prorrogação da jornada, sem acréscimo na remuneração, desde que haja a compensação com redução ou extinção de horas em outro dia, dentro do mesmo mês. O eventual trabalho num domingo, sem acréscimo remuneratório, será compensado com folga em outro dia da semana ou pago em dobro, se não houver compensação.

HORAS EXTRAS E ADICIONAL NOTURNO – Por necessidade do serviço, a critério do **empregador(a)**, o(a) **empregado(a)** concorda que sua jornada de trabalho poderá eventualmente ser prorrogada, sem compensação, até o limite mensal de 40 (quarenta) horas, devendo, nesse caso, o **empregado(a)** receber horas extras, com o adicional de 50% (cinquenta por cento) sobre o valor da hora normal, sendo que, se o horário extra estiver compreendido entre 22 horas de um dia e 05 horas do dia imediato, haverá ainda um acréscimo de 20% sobre a hora normal, a título de adicional noturno. O saldo de horas que excederem as 40 (quarenta) primeiras horas mensais, quando for o caso, será compensado no período máximo de 1 (um) ano.

Atenção – *Se o(a) empregado(a) for cuidador de idoso ou babá e houver necessidade de permanecer disponível durante a noite para atender a eventual necessidade do idoso ou da criança, poderá ser incluído um parágrafo único nesta cláusula, nos seguintes termos:*

Parágrafo único – Em vista da peculiaridade de sua função, o(a) **empregado(a)** se obriga a atender a eventual necessidade do idoso (ou da criança) durante o horário noturno, devendo receber, como remuneração das horas de repouso e que está à disposição, um acréscimo de 2/3 (dois terços) do valor da hora normal, até o limite de 12 (doze) horas por dia, sem prejuízo do adicional noturno.

Observação – *Para fugir do pagamento do acréscimo referido no parágrafo acima, outra solução é contratar o empregado(a) para trabalhar pelo sistema 12x36 (12 horas de labor por 36 horas de descanso), sendo que, na hipótese, seriam necessários dois empregados(as) que se revezariam em dias alternados.*

5. FORO – As partes elegem o foro desta Cidade para dirimir qualquer litígio resultante da execução do presente contrato.

E, por estarem inteiramente de acordo com as cláusulas e condições acima estabelecidas, as partes assinam este contrato, em duas vias, juntamente com duas testemunhas.

Local, ___ de _____ de 20___.

EMPREGADOR(A) – _____

EMPREGADO(A)   – _____

TESTEMUNHAS   – _____

_____

Modelo 4

FOLHA DE PONTO INDIVIDUAL DE TRABALHO

EMPREGADOR: NOME		CPF Nº
ENDEREÇO:		
EMPREGADO(A):	CTPS Nº E SÉRIE:	DATA DE ADMISSÃO:
FUNÇÃO:	HORÁRIO DE TRABALHO DE SEG. A SEXTA FEIRA:	
HORÁRIO AOS SÁBADOS:	DESCANSO SEMANAL:	MÊS:	ANO:

DIAS MÊS	ENTRADA MANHÃ	ALMOÇO INÍCIO	ALMOÇO FIM	SAÍDA TARDE	EXTRAS	ASSINATURA
01						
02						
03						
04						
05						
06						
07						
08						
09						
10						
11						
12						
13						
14						
15						
16						
17						
18						
19						
20						
21						
22						
23						
24						
25						
26						
27						
28						
29						
30						
31						

RESUMO GERAL			VISTO DO EMPREGADOR
+	Dias / Horas Normais	R$	
+	H. Extras / Adicionais (Verso)	R$	
(-)	Faltas no Mês	R$	
=Sub-Total / Base de Cálculo		R$	
(-)	% INSS	R$	
(-)	% Transporte	R$	
Total Líquido a Receber		R$	

Modelo 5

RECIBO DE SALÁRIO MENSAL

Salário bruto	R$ _____
Descontos:	
Contribuição previdenciária	R$ _____
Vale-transporte	R$ _____
	_____
Salário líquido	R$ _____

Recebi do (a) Sr.(a) _____ a quantia líquida de R$ _____ (*por extenso*), referente aos serviços por mim prestados, como empregado(a) doméstico(a), em sua residência, durante o mês de _____ de 20___, pelo que dou quitação.

Local, _____ de _____ de 20___.

_____
(assinatura do(a) empregado(a))

OBSERVAÇÕES – O percentual da contribuição previdenciária pode ser 8%, 9% ou 11%, a depender do valor do salário bruto, devendo ser consultado o subitem 8.1. do Capítulo 8 (pág.49). O percentual relativo ao vale-transporte é de 6%, também calculado sobre o salário bruto, podendo o empregador, por liberalidade, isentar o empregado dessa dedução. Existem outros descontos autorizados em lei além daqueles citados no modelo (ver art. 18 da LC/150 – pág. 87).

Modelo 6

FOLHA DE PAGAMENTO DE DOMÉSTICO

EMPREGADO(A):　　　　**EMPREGADOR(A):**　　　　**ANO:**

MESES	SALÁRIO BRUTO	DESCONTOS			SALÁRIO LÍQUIDO	DATA DO PAGAMENTO	ASSINATURA
		PREVID. SOCIAL	VALE-TRANSPORTE	OUTROS			
JAN							
FEV							
MAR							
ABR							
MAI							
JUN							
JUL							
AGO							
SET							
OUT							
NOV							
DEZ							
13º - 1ª P							
13º - 2ª P							

MODELO 7

RECIBOS DE 13º SALÁRIO (1ª E 2ª PARCELAS)

Recibo da primeira parcela do 13º salário

R$ _____

Recebi do Sr.(a)_____ a quantia de R$ _____ (*por extenso*), referente ao pagamento da primeira parcela do 13º salário, correspondente ao ano de 20___, na condição de empregado(a) doméstico(a) que presta serviço em sua residência desde ___ de _____ de 20___, pelo que dou quitação.

Local, _____ de _____ de 20___.

_____
(assinatura do(a) empregado(a))

Recibo da segunda parcela do 13º salário

Valor bruto .... R$ _____

Contribuição previdenciária .... R$ _____

_____

Valor líquido .... R$ _____

Recebi do Sr.(a)_____ a quantia de R$ _____ (*por extenso*), referente ao pagamento da segunda parcela do 13º salário, correspondente ao ano de 20___, na condição de empregado(a) doméstico(a) que presta serviço em sua residência desde ___ de _____ de 20___, pelo que dou quitação.

Local, _____ de _____ de 20___.

_____
(assinatura do(a) empregado(a))

OBSERVAÇÕES – A contribuição previdenciária somente é deduzida da segunda parcela. A primeira deve ser paga até 30 de novembro ou por ocasião das férias se o empregado assim requerer no mês de janeiro. A segunda parcela será paga até o dia 20 de dezembro, compensado o valor pago na primeira. Caso o empregado tenha sido admitido depois do dia 16 de janeiro, o 13º salário deve ser calculado proporcionalmente aos meses trabalhados, sendo 1/12 de cada mês.

Modelo 8

AVISO-PRÉVIO DE FÉRIAS

Empresa

Nome do funcionário

Carteira do Trabalho	Série	Reg. Empregado - Nº/Fl. do Livro ou da Ficha

PERÍODO DE AQUISIÇÃO	PERÍODO DE GOZO DAS FÉRIAS	DATA DE RETORNO AO SERVIÇO
DE A	DE A	

REMUNERAÇÃO BASE PARA CÁLCULO					
FALTAS INJUSTIFICADAS	SALÁRIO-BASE	MENSAL	HORÁRIO	TAREFA	OUTRAS

DEDUÇÕES: REMUNERAÇÃO   R$

_____   R$ ACRÉSCIMO DE 1/3   R$

INSS   R$ _____   R$

I.R. NA FONTE R$ _____   R$

SOMA   R$ **SOMA**   R$

                                                   LÍQUIDO A RECEBER R$

Comunicamos que, de acordo com a Lei, ser-lhe-ão concedidas férias referente ao período acima descrito, ficando à sua disposição a importância de R$ _____

relativa aos _____ dias de férias, a ser paga antecipadamente.

	Local e data
Empregador	
Empregado	Assinatura do Responsável, em Caso de Empregado Menor

---

RECIBO DE FÉRIAS

Empresa

Nome do funcionário

Recebi a importância de R$ _____

_____ relativa as minhas férias ora concedidas e que vou gozar, de acordo com o aviso que recebi em tempo hábil, ao qual dei o meu "ciente". Por ser verdade, firmo o presente recibo, dando plena e geral quitação.

Empregador	
	Local e data
Empregado	Assinatura do Responsável, em Caso de Empregado Menor

Modelo 9

RECIBO DE VALE-TRANSPORTE

R$ _____

Recebi do(a) Sr.(a)_____ a quantia de R$ _____ (*por extenso*) a fim de adquirir ____ (*em palavras*) vales-transporte, de R$ _____ (*por extenso*) cada um, correspondentes a ____ (*em palavras*) dias úteis que serão por mim trabalhados em sua residência no período de 1º a 30 (ou 31) de _____ de 20___, como empregado(a) doméstico(a).

Local, ____ de _____ de 20____.

_____
(assinatura do(a) empregado(a))

OBSERVAÇÕES – O número de dias úteis tem de ser calculado mediante consulta a um calendário e levando em conta os dias de efetivo trabalho, excluídos, pois, domingos, feriados e os dias em que o serviço, pelo contrato ou por acordo escrito, é dispensado (sábado, por exemplo). O empregado, por sua vez, deve informar o preço da passagem do transporte público e quantos ele utiliza por dia. O empregador pode descontar, do salário do empregado, até 6% (seis por cento) do valor total dos vales-transporte relativos ao mês. Caso o empregado renuncie a receber o benefício, deverá assinar uma declaração nesse sentido, podendo ser usado o modelo abaixo.

DECLARAÇÃO DE RENÚNCIA AO VALE-TRANSPORTE

Eu, _____(nome d(a)o empregado(a))_____, declaro, para os devidos fins, que não desejo receber o benefício do vale-transporte, tendo em vista que _____.

Local, ____ de _____ de 20____.

_____
(assinatura do(a) empregado(a))

OBSERVAÇÃO – A justificativa para rejeitar o vale-transporte pode ser uma destas: a) utilizo transporte próprio (bicicleta, motocicleta ou outro); b) resido próximo ao local de trabalho; c) o gasto com o transporte é inferior a 6% do meu salário; d) utilizo transporte gratuito fornecido por _____.

Modelo 10

CARTA DE ADVERTÊNCIA

Local, ____ de _____ de 20___.

Sr.(a) _____ (*nome do(a) empregado(a)*)

Não tendo a advertência verbal anteriormente feita surtido o esperado efeito, venho, por meio desta, **adverti-lo(a),** agora por escrito, de que não mais insista em _____ (*breve descrição das faltas cometidas*), sob pena de eu ser forçado, no caso de reincidência, a suspendê-lo(a) ou aplicar-lhe uma punição maior a depender da gravidade do fato.

Solicito dar o seu "ciente" na segunda via desta carta.

Sem mais, subscrevo-me,

_____
(*assinatura do(a) empregador(a)*)

CIENTE

___/___/____

_____

OBSERVAÇÃO – A carta deve ser em duas vias, devendo o(a) empregado(a) dar o seu "ciente" na segunda via. Caso se recuse, devem ser obtidas, na segunda via, as assinaturas de duas testemunhas embaixo da seguinte frase: "Presenciamos a entrega da primeira via desta carta ao destinatário", acrescentando-se a data.

Modelo 11

CARTA DE SUSPENSÃO

Local, ____ de _____ de 20___.

Sr.(a) _____ (*nome do(a) empregado(a)*)

Apesar de advertências anteriores, verifico que o(a) senhor(a) continua insistindo na prática faltosa de _____ (*breve descrição das faltas*) e, em vista disso, levo ao seu conhecimento que resolvi aplicar-lhe a pena de **suspensão**, de ____ (*em algarismo e por extenso*) dias, a contar de amanhã, sendo descontada do salário a remuneração dos dias respectivos. Advirto que, em caso de reincidência, serei forçado(a) a despedi-lo(a) por justa causa.

Solicito dar o seu "ciente" na segunda via desta carta.

Sem mais, subscrevo-me,

_____
(*assinatura do(a) empregador(a)*)

CIENTE

___/___/___

_____

OBSERVAÇÃO – A carta deve ser em duas vias, devendo o(a) empregado(a) dar o seu "ciente" na segunda via. Caso se recuse, devem ser obtidas, na segunda via, as assinaturas de duas testemunhas embaixo da seguinte frase: "Presenciamos a entrega da primeira via desta carta ao destinatário", acrescentando-se a data.

Modelo 12

AVISO-PRÉVIO

Local, ____ de _____ de 20___.

Sr.(a) _____ (*nome do empregado(a)*)

Comunico-lhe que, após 30 (trinta) dias do recebimento desta (*se o empregado(a) tiver mais de um ano de serviço, deverão ser acrescentados três dias para cada ano a mais*), o seu contrato de trabalho será rescindido, valendo a presente carta como **aviso-prévio**. Durante o citado período, o horário diário terá redução de duas horas, a fim de possibilitar que o(a) senhor(a) venha a procurar outro emprego, podendo essa redução ser trocada pela ausência ao serviço, sem corte da remuneração respectiva, durante sete dias corridos. No vencimento do prazo, lhe serão pagas as verbas rescisórias cabíveis.

Solicito dar o seu "ciente" na segunda via desta carta.

Sem mais, subscrevo-me,

_____
(*assinatura do(a) empregador(a)*)

CIENTE

___/___/___

_____

OBSERVAÇÃO – A carta deve ser em duas vias, devendo o(a) empregado(a) dar o seu "ciente" na segunda via. Caso se recuse, devem ser obtidas, na segunda via, as assinaturas de duas testemunhas embaixo da seguinte frase: "Presenciamos a entrega da primeira via desta carta ao destinatário", acrescentando-se a data.

Modelo 13

COMUNICAÇÃO DE DESPEDIDA SEM AVISO-PRÉVIO

Local, ____ de _____ de 20___.

Sr.(a) _____ (*nome do(a) empregado(a)*)

Comunico-lhe que, a partir desta data, não mais utilizarei seus serviços como doméstico(a), ficando rescindido o contrato de trabalho que até então mantínhamos.

Solicito dar o seu "ciente" na segunda via desta carta e, em seguida, apresentar-se para receber as verbas rescisórias cabíveis, inclusive a indenização do aviso-prévio.

Sem mais, subscrevo-me,

_____
(*assinatura do(a) empregador(a)*)

CIENTE

___/___/____

_____

OBSERVAÇÕES

1. A carta deve ser em duas vias, devendo o(a) empregado(a) dar o seu "ciente" na segunda via. Caso se recuse, devem ser obtidas, na segunda via, as assinaturas de duas testemunhas embaixo da seguinte frase: "Presenciamos a entrega da primeira via desta carta ao destinatário", acrescentando-se a data.

2. Caso a despedida seja por justa causa, a comunicação pode ser verbal, dispensando essa carta. Havendo alguma ou algumas parcelas devidas, deverão ser pagas mediante recibo. Vale lembrar que, na dispensa com justa causa, são indevidos aviso-prévio, férias proporcionais e 13º salário proporcional, porém devem ser pagos saldo de salário referente aos dias efetivamente trabalhados e férias vencidas.

Modelo 14

PEDIDO DE DEMISSÃO SEM AVISO-PRÉVIO

Local, ____ de _____ de 20___.

Sr.(a) _____ (*nome do(a) empregador(a)*)

Comunico a V. Sª. que, por motivo de ordem particular (*pode ser alegado outro motivo*), não mais lhe prestarei serviços de doméstico(a) a partir desta data. Solicito o obséquio de me dispensar do aviso-prévio.

Atenciosamente,

_____
(*assinatura do(a) empregado(a)*)

PEDIDO DE DEMISSÃO COM AVISO-PRÉVIO

Local, ____ de _____ de 20___.

Sr.(a) _____ (*nome do(a) empregador(a)*)

Comunico a V. Sª. que, por motivo de ordem particular (*pode ser alegado outro motivo*), não mais lhe prestarei serviços de doméstico(a) a partir do dia ____/____/ 20___(*deve ser colocada aqui uma data correspondente a 30 dias após a entrega da carta*), valendo a presente carta como aviso-prévio.

Atenciosamente,

_____
(*assinatura do(a) empregado(a)*)

Modelo 15

TERMO DE RESCISÃO DE CONTRATO DE TRABALHO

IDENTIFICAÇÃO DO EMPREGADOR					
01 CNPJ/CEI		02 Razão Social/Nome			
03 Endereço (logradouro, n., andar, apartamento)					04 Bairro
05 Município	06 UF	07 CEP	08 CNAE	09 CNPJ/CEI Tomador/Obra	
IDENTIFICAÇÃO DO TRABALHADOR					
10 PIS/PASEP		11 Nome			
12 Endereço (logradouro, n., andar, apartamento)					13 Bairro
14 Município	15 UF	16 CEP	17 CTPS (n., série, UF)		18 CPF
19 Data de Nascimento		20 Nome da Mãe			
DADOS DO CONTRATO					
21 Tipo de Contrato					
22 Causa do Afastamento					
23 Remuneração Mês Ant.	24 Data de Admissão	25 Data do Aviso-Prévio	26 Data de Afastamento	27 Cód. Afastamento	
28 Pensão Alim. (%) (TRCT)	29 Pensão Alim. (%) (FGTS)	30 Categoria do Trabalhador			
31 Código Sindical	32 CNPJ e Nome da Entidade Sindical Laboral				
DISCRIMINAÇÃO DAS VERBAS RESCISÓRIAS					

VERBAS RESCISÓRIAS

Rubrica	Valor	Rubrica	Valor	Rubrica	Valor
50 Saldo de /dias Salário (líquido de /faltas e DSR)		51 Comissões		52 Gratificação	
53 Adic. de Insalubridade %		54 Adic. de Periculosidade %		55 Adic. Noturno Horas a %	
56 Horas Extras horas a %		57 Gorjetas		58 Descanso Semanal Remunerado (DSR)	
59 Reflexo do DSR sobre Salário Variável		60 Multa Art. 477, § 8º/CLT		62 Salário-Família	
63 13º Salário Proporcional /12 avos		64.1 13º Salário-Exerc. /12 anos		65 Férias Proporc. /12 avos	
66 Férias Venc. Por Aquisitivo a		68 Terço Constituc. de Férias		69 Aviso-Prévio Indenizado	
70 13º Saláro (Aviso-Prévio Indenizado)		71 Férias (Aviso-Prévio Indenizado)			
		99 Ajuste do saldo devedor		TOTAL BRUTO	

DEDUÇÕES

Desconto	Valor	Desconto	Valor	Desconto	Valor
100 Pensão Alimentícia		101 Adiantamento Salarial		102 Adiantamento 13º Salário	
103 Aviso-Prévio Indenizado dias		112.1 Previdência Social		112.2 Prev. Social 13º Salário	
114.1 IRRF		114.2 IRRF sobre 13º Salário			
				TOTAL DEDUÇÕES	
				TOTAL LÍQUIDO	

Referências

CAIRO JÚNIOR, José. *Curso de direito do trabalho.* 7ª ed. Salvador: JusPodivm, 2012

DELGADO, Mauricio Godinho. *Curso de direito do trabalho.* 10ª ed. São Paulo: LTr, 2011.

FREITAS, Christiano Abelardo Fagundes e PAIVA, Léa Cristina Barbosa da Silva. *Dos direitos trabalhista do empregado e do empregador doméstico.* São Paulo: LTr, 2014.

JORGE NETO, Francisco Ferreira, CAVALCANTE, Jouberto de Quadros Pessoa e FRACAPPANI, Adriano. *Cartilha dos direitos do empregador e empregado doméstico.* São Paulo: Atlas, 2013.

MARTINS, Sergio Pinto. *Direito do trabalho.* 28ª ed. São Paulo: Atlas, 2012.

MARTINEZ, Luciano. *Curso de direito do trabalho.* 4ª ed. São Paulo: Saraiva, 2013.

NASCIMENTO, Amauri Mascaro. *Iniciação ao direito do trabalho.* 36ª ed. São Paulo: LTr, 2011.

PAMPLONA FILHO, Rodolfo e VILLATORE, Marco Antônio César. *Direito do trabalho doméstico.* 4ª ed. São Paulo: LTr, 2011.

PINTO, José Augusto Rodrigues. *Tratado de direito material do trabalho.* São Paulo: LTr, 2007.

PINTO, Raymundo Antonio Carneiro. *Súmulas do TST comentadas.* 14ª ed. São Paulo: LTr, 2015.

SARAIVA, Renato. *Direito do trabalho.* São Paulo: Método, 2011.